Les
Ports du Maroc

Leur Commerce avec la France

AF458713

PAR

A.-H. DYÉ

Officier de marine
Commandant la Mission maritime du Maroc (1904-1907)

UNE BARCASSE MAROCAINE DU PORT DE RABAT

Extrait du *Bulletin de la Société de Géographie commerciale*
8, rue de Tournon, Paris.
(Nos de Mars, Mai et Juin 1908.)

IMPRIMERIE PAUL BRODARD
COULOMMIERS, 1909

BIBLIOTHÈQUE NATIONALE
R.F.
IMPRIMÉS

Les
Ports du Maroc

8 O³ j
230

DÉPOT LÉGAL
Seine-et-Marne
N° 341
1909

Les
Ports du Maroc

BIBLIOTHÈQUE NATIONALE
R.F.

Leur Commerce avec la France

PAR

A.-H. DYÉ

Officier de marine
Commandant la Mission maritime du Maroc (1904-1907)

UNE BARCASSE MAROCAINE DU PORT DE RABAT

Extrait du *Bulletin de la Société de Géographie commerciale*
8, rue de Tournon, Paris.
(Nos de Mars, Mai et Juin 1908.)

IMPRIMERIE PAUL BRODARD
COULOMMIERS, 1909

INTRODUCTION

Cette étude de géographie économique, dont les éléments ont été recueillis sur place pendant quatre voyages consécutifs dans les provinces côtières du Maroc, est offerte à tous les Français qui s'intéressent au développement de nos intérêts commerciaux et matériels dans l'empire chérifien, comme à l'accroissement de notre influence morale et civilisatrice.

En particulier je dédie ce petit travail à tous ceux de nos compatriotes qui chaque jour luttent pied à pied, sur le sol marocain, contre la barbarie agonisante du vieux Maghreb-el-Akça, — à cette admirable phalange colonisatrice que j'ai vue à l'œuvre dans les ports du Maroc, dont j'ai partagé les périls et les espoirs : commerçants et négociants, consuls et agents diplomatiques, médecins et instituteurs, marins et militaires de notre vaillante armée d'Afrique. A tous ces pionniers de l'expansion française je voudrais témoigner mon ardente sympathie. Tous mes remerciements aussi vont à ceux dont l'appui m'a permis de fonder en 1904 la mission maritime pour l'étude hydrographique, économique et scientifique des côtes du Maroc : M. le général de division Bailloud, commandant à Alger le XIXe corps d'armée; — M. Eug. Etienne, député de l'Oranie, vice-président de la Chambre, ancien ministre; — M. Regnault, ministre plénipotentiaire de France au Maroc; enfin MM. les ministres de la Marine et des Affaires étrangères.

Au cours de ces années de labeur, de lutte et de misère, sur le littoral du Maroc, ma récompense a été d'abord la fierté légitime de collaborer à une grande œuvre nationale, à la plus belle tâche qu'il reste à notre pays à accomplir dans le monde. Et si, parfois, les défiances ou l'hostilité des indigènes ont rendu plus périlleux le travail quotidien, si mon existence a été menacée, surtout sur les rives dangereuses du fleuve Sebou, j'avais pour me guider l'exemple de mes deux frères Lucien et Maurice, déjà tombés aux colonies pour le devoir et pour le pays; j'avais pour me soutenir la sympathie active de tant de nos compatriotes, amis connus et inconnus, exemples et sympathies qui m'ont rendu plus doux les sacrifices pour « la plus grande France ».

A.-Henri DYÉ.

Les Ports du Maroc

Leur Commerce avec la France

Depuis fin juillet 1907, le Maroc traverse une crise des plus intéressantes, qui marquera sans doute le commencement de l'évolution historique de ce pays étrange et arriéré, où l'état social actuel correspond à peine à celui de l'Europe après les invasions des Barbares (v^e^ et vi^e^ siècles).

L'Acte d'Algésiras, élaboré pendant l'année 1906, a été simplement un accord entre les représentants des nations européennes. Son application exigera de longues années. Il n'a pu encore sortir des chancelleries pour être appliqué sur le vif au Maroc, pour commencer à modifier lentement les conditions d'existence de l'Empire des chérifs, pour y apporter un peu de progrès et des rudiments d'organisation. Tous ces pourparlers entre les diplomates des puissances européennes n'ont pas entamé l'écorce du bloc marocain, de ce chaos de tribus souvent indépendantes, où l'annonce de vagues réformes a simplement accru les haines obscures et les défiances éparses contre tout ce qui vient des Nasrânis (chrétiens). Les négociations d'Algésiras avaient d'ailleurs été rendues indispensables par l'intervention allemande, en 1905, dans les affaires du Maroc; elles ont abouti à la reconnaissance par toute l'Europe des droits spéciaux de la France et de l'Espagne dans ce pays, et à la création de quelques institutions d'État mises sous la tutelle du corps diplomatique européen à Tanger.

Mais voici que, dès le mois de mars 1907, le meurtre du Dr Mauchamp, à Marrakech, forçait la France à l'occupation de la ville frontière d'Oujda, mesure locale de la plus grande utilité, mais qui est restée ignorée et de nulle portée sur la masse inorganique des tribus marocaines du Centre et du Sud.

Puis, le 30 juillet, c'est à Casablanca le lâche massacre de dix ouvriers sans défense, et le pillage de la ville par les tribus campagnardes, armées jusqu'aux dents, égorgeant férocement les malheureux israélites désarmés; c'est enfin l'attentat inopiné contre nos marins allant protéger le consulat de France. En raison de l'impuissance absolue du Makhzen de Fez à prévenir ou à réprimer ces troubles odieux, la France et l'Espagne se trouvent contraintes à l'intervention directe pour protéger les colonies européennes et israélites dans les ports du Maroc, tandis que les villes de l'intérieur : Marrakech, Fez et El Qçar, sont évacuées.

Coup sur coup se succèdent : le bombardement de Casablanca; l'arrivée des croiseurs de l'amiral Philibert pour protéger les ports, nécessitant le maintien de dix-sept vaisseaux de guerre français dans les eaux marocaines; l'action difficile des troupes du général Drude sous les murs de Casablanca, d'abord pour défendre la ville contre les attaques toujours renouvelées des tribus, puis pour infliger quelques leçons et montrer la puissance de nos armes à ces guerriers fanfarons et tout à fait ignorants de la force réelle des nations d'Europe. En août 1907 survient la proclamation de Moulaye Hafid à Marrakech, sous la poussée séparatiste des grandes tribus et des puissants caïds du Sud-Marocain, mouvement qui détermina en septembre le déplacement trop tardif et toujours reculé du sultan Abd el Aziz à Rabat. Puis c'est l'ambassade de M. Regnault demandée par le sultan de Rabat, tandis que tous les éléments de résistance aux réformes et à l'Europe cherchent à se grouper autour de Moulaye Hafid. En fin 1907, tandis que le Maroc se trouve partagé entre les influences rivales des sultans de Marrakech et de Rabat, la France se trouve obligée d'agir militairement contre les bandes indigènes qui nous provoquent et attaquent nos postes, d'un côté aux environs de Casablanca, et de l'autre auprès d'Oujda et tout le long de la frontière Sud-Oranaise. L'action vigoureuse du général d'Amade pendant les six premiers mois de 1908, grâce aux renforts envoyés par le gouvernement au corps de débarquement, aboutit à la soumission et à la pacification complète de la province des Chaouyya; des postes régionaux sont installés, qui permettent aux indigènes paisibles de venir reprendre les cultures sous la protection de nos armes. L'action parallèle du général Lyautey sur la frontière Oranaise, depuis le massif des Beni-Snassen jusqu'à la région de Bou-Denib, rétablissait de même le prestige de nos armes parmi les hordes pillardes qui nous avaient assaillis, et la politique habile du général ralliait à notre cause tous les éléments d'ordre pour la pacification de la zone frontière.

Cependant Moulaye Hafid réussit à entrer dans la ville de Fez le 7 juin 1908, ce qui entraîne sa proclamation dans la plupart des ports marocains.

Quelques mois après, le 19 août, la puissance fragile d'Abd el Aziz, trop longtemps inactif, s'effondre soudainement au cours d'une marche vers la ville de Marrakech. Et c'est alors un nouveau changement à vue (qui ne sera pas le dernier), dans le kaléidoscope marocain : l'Europe se trouve forcée de reconnaître la proclamation de Moulaye Hafid comme sultan du Maroc, non sans lui avoir imposé l'obligation d'accepter l'Acte d'Algésiras et les charges financières du régime antérieur.

Nous ne voulons ici ni étudier, ni apprécier quel doit être le rôle de la politique française dans ce beau désordre, ni montrer tout le profit que la cause de la civilisation peut tirer de cet excès d'anarchie. Mais puisque nous voulons nous borner au côté économique de la question, espérons que les colonies européennes de la côte et des villes, si éprouvées dans la crise actuelle, seront bientôt protégées d'une façon efficace, et que la sécurité des Européens dans l'intérieur redeviendra, pour le moins, ce qu'elle était sous le règne du sultan Moulaye Hassan.

Par la force des choses, sous la pression fatale des événements, — aidés sans nul doute par les décisions habiles de notre gouvernement, par l'expérience consommée de nos agents : les Regnault, les Lyautey, les d'Amade, par la valeur et le courage de notre armée d'Afrique, — le prestige de la France vient d'être partiellement rétabli au Maroc. Saurons-nous profiter de ces circonstances, en dernière analyse plutôt favorables, pour introduire dans ce malheureux pays quelques éléments d'ordre et de progrès, pour y implanter les quelques réformes contenant en germe son évolution future vers la civilisation moderne ? Il nous faut dans ce but agir avec beaucoup de persévérance et de patience, avec une obstination inlassable.

Ce qui suit est le résumé de la conférence donnée à la Société de Géographie commerciale de Paris, le 16 janvier 1906, avec l'addition des plus récentes statistiques douanières pour les années 1906 et 1907.

PREMIÈRE PARTIE

A. Généralités sur l'état social du Maroc. — Avant de préciser les conditions économiques des ports marocains, et de montrer la valeur des intérêts français déjà établis dans ce pays, il n'est pas sans utilité de définir en quelques lignes l'état social et le milieu où ce commerce s'est développé.

L'existence seule d'un pays aussi étrange, arriéré, à demi barbare, où l'Islam a établi un ordre de choses qui ne se retrouve nulle part ailleurs, est déjà aux portes mêmes de l'Europe un vivant paradoxe. Il n'est point de pays, sur la surface du globe, aussi réfractaire à l'emprise de notre civilisation, aussi difficile à pénétrer dans toute son étendue, et, par suite, il n'est point de contrée plus curieuse, ni plus captivante à étudier.

Aujourd'hui des bateaux à vapeur et des lignes de chemin de fer peuvent nous mener en quelques semaines au centre de la Chine et de l'Afrique. Le tourbillon de la civilisation moderne, après avoir fécondé le continent américain, entraîne rapidement les Jaunes et les Noirs, précipite l'évolution mondiale. La vapeur, l'électricité, nos inventions de progrès et de guerre, nos codes respectueux de la personnalité humaine, pénètrent toutes les races du globe, et jusque parmi les doux cannibales du Congo. Seul le Maroc vierge est resté en dehors de tout progrès, pétrifié dans son rêve moyenâgeux, absorbé trop souvent par les luttes intestines des tribus sauvages et farouches.

Comme l'ont établi les voyageurs et les sociologues illustres qui nous ont révélé partiellement les choses du Maroc, — les de Foucauld, les de Segonzac, les Ed. Doutté, — « le pays se divise en deux parties, l'une, soumise au sultan d'une manière effective, le bled-el-makhzen, où les Européens circulent ouvertement à peu près en sécurité ; l'autre, n'étant qu'une véritable mosaïque de tribus indépendantes, insoumises, constituant le bled-es-siba, où personne ne voyage en sécurité, et où les Européens ne sauraient pénétrer le plus souvent que travestis ».

Il faut bien se dire que les limites des pays siba[1] et makhzen[2] varient constamment, suivant la proximité ou l'éloignement des mahallas et des harkas du sultan (troupes, armées).

Depuis quelques années, après la mort du sultan Moulaye Hassan, l'anarchie et le désordre vont empirant dans l'Empire chérifien. Il y a tels moments où presque toutes les tribus refusent de payer l'impôt, le bled-el-makhzen se réduisant aux villes et à leur banlieue. Ceci depuis l'époque où le jeune sultan Abd el Aziz et son ancien ministre El Mehnebbi voulurent instaurer une sorte d'impôt sur le revenu, le tertib, à l'instigation de leurs conseillers anglais. Les caïds comme les tribus refusèrent de percevoir et de payer l'impôt nouveau, profitant même du désordre et de l'inaction du nouveau sultan, pour cesser de payer les anciens impôts coraniques. Et pendant ce temps les douanes maritimes cessèrent d'alimenter la caisse du trésor chérifien, pour servir à gagner les emprunts urgents sollicités par le Makhzen aux banques européennes.

Une grande partie du Maroc reste donc toujours fermée aux chrétiens; ceux-ci ne peuvent y entrer que par la ruse et au péril de leur vie. Cette intolérance extrême n'est pas causée aujourd'hui par le fanatisme religieux. Elle semble avoir sa source dans un autre sentiment, presque instinctif, commun à beaucoup d'indigènes. Pour la plupart des gens des tribus un Européen voyageant dans le pays ne peut être qu'un émissaire envoyé pour le reconnaître. On redoute qu'il ne vienne préparer une invasion; c'est un espion. On le tue comme tel, non comme un incroyant, un infidèle non-musulman. « On craint le conquérant bien plus qu'on ne hait le chrétien. »

Il faut se garder d'exagérer le fanatisme religieux des Marocains. Trop souvent le sultan et son entourage ont joué savamment de ce soi-disant fanatisme, pour s'opposer à l'introduction des réformes conseillées par l'Europe et par la France. Or la ferveur religieuse existe à peine en apparence, à fleur de

1. Siba, signifie en arabe: insoumission.
2. Makhzen, signifie au Maroc : le gouvernement, l'ensemble des fonctionnaires du sultan.

peau, dans les villes; et les gens des campagnes sont en grande majorité indifférents, presque irréligieux. Tous ne pratiquent universellement que le culte des chérifs, c'est-à-dire des nobles descendants du Prophète, des marabouts et des saints de l'Islam.

Chez la plupart des tribus marocaines, dans les campagnes, la foi musulmane est infiniment moins vive que chez les indigènes d'Algérie et que chez les noirs du Sénégal. Il semble qu'en Algérie la conquête française ait amené, dans les débuts, une renaissance du culte musulman, se retrempant en face de l'invasion des roumis; et les nègres à peine convertis du Soudan nigérien ont toute l'ardeur des néophytes. Au Maroc, dans les provinces côtières que j'ai parcourues, je n'ai jamais vu un paysan faisant les cinq prières de la journée; les mosquées de chaume ou de toile sont désertes même le vendredi, les koubbas blanches des sanctuaires très souvent tombent en ruines. Et cependant le culte des saints de l'Islam, des marabouts innombrables. des chérifs est dans ce pays la manifestation religieuse par excellence. Un fonds commun de superstitions primitives, antérieures je crois à l'islamisme, est profondément enraciné dans le cerveau des campagnards marocains, dont la mentalité ne dépasse pas beaucoup celle des sauvages de l'époque préhistorique. C'est ainsi que les tas de pierres, les grands arbres, les vieux canons du moyen âge, les koubbas renfermant les tombeaux des saints, les buissons isolés, etc., constituent des marabouts vénérés, en la puissance desquels le peuple croit profondément. L'autorité religieuse la plus incontestée s'attache à la baraka des chérifs, c'est-à-dire à la bénédiction des personnages nobles entre tous qui prétendent se ranger au nombre des descendants de Mahomet.

Mais, par contre, nombreux sont les Marocains de la campagne qui réclament à l'Européen le vin ou les alcools défendus par le Koran, et il en est même qui ne craignent pas de manger la chair du sanglier. fait rare chez les peuples islamisés.

Le pouvoir religieux et social des chérifs se transmet par hérédité. Il est telle famille de chérifs qui a souvent sur les tribus plus de pouvoir que le sultan lui-même; citons par exemple les chorfa d'Ouezzan, non loin de Fez, et les chorfa de Tameslhot, aux environs de Marrakech.

B. **Généralités sur les provinces atlantiques du Maroc.** — La presque totalité du commerce marocain passe aujourd'hui par les ports de l'Atlantique, qui donnent accès aux meilleures provinces agricoles et aux deux villes capitales : Fez, Marrakech. Arrosées et vivifiées par les pluies de l'Océan, et par le château d'eau constitué par les montages de l'Atlas, ces plaines maritimes présentent une étendue de terres cultivables supérieure à celle de l'Algérie-Tunisie.

C'est là, à mon sens, que gît le cœur du Maroc. C'est là qu'il faut porter des efforts nouveaux, et nous assurer la prépondérance économique, sans nous laisser hypnotiser par les plateaux pierreux limitrophes du Sud-Oranais, séparés de ces plaines fertiles par les hautes montagnes neigeuses de l'Atlas.

Si les indigènes du Maroc sont trop souvent rébarbatifs, le pays est généralement superbe et le climat délicieux. On peut caractériser d'un mot le climat des provinces maritimes en disant que sur les rivages de l'Atlantique nombre de sites offrent plus de fraîcheur, en été, que sur nos côtes de Bretagne, et plus de chaleur, en hiver, que sur nos côtes de Provence. C'est aux environs de Mogador, situé en face de l'île Madère, que le climat présente son maximum de douceur et de constance. Son seul défaut est la grande humidité des nuits. L'abondance des rosées est tout à fait caractéristique dans ces plaines marocaines, et elle suffit souvent à elle seule à assurer la croissance de la végétation. Cette humidité considérable de l'atmosphère, pénible à supporter pour le voyageur pendant la saison d'hivernage, est donc un bienfait pour la culture et pour les pâturages qui créent la richesse du pays.

Les provinces riveraines de l'Atlantique, les plus belles du Maroc, sont traversées par deux grands fleuves, le Sebou et l'Oum-er-Rebïa, alimentés toute l'année par les neiges de l'Atlas. La plaine du Sebou présente une énorme épaisseur de terre végétale, et à la surface des pâturages excellents.

Le Gharb, ou pays situé au nord du fleuve Sebou, est plus arrosé que le Houz, ou Maroc du Sud.

Dans la région située entre Tanger et le Sebou, on trouve encore en plein été, au mois d'août, des prairies tout à fait vertes et non désséchées. Ce fait doit être expliqué par l'humidité considérable du climat marin, sur laquelle nous avons déjà attiré l'attention, et par les rosées très abondantes qui humectent le sol même en l'absence des pluies.

Le Gharb est avant tout un superbe pays d'élevage, où abondent les bœufs et les moutons (avec les chevaux, les ânes, les mulets, les chameaux). On y trouve de vraies prairies, avec des graminées succulentes et nourrissantes, couvrant le sol entier d'un vert tapis comme dans nos pâturages de Normandie.

Le drainage et les labours à l'européenne pourront rendre excellentes ces terres fortes, très propices à la colonisation agricole dès le rétablissement de la sécurité.

Dans le Houz, les labours occupent une place beaucoup plus considérable. En dehors des plateaux pierreux qui bordent souvent le littoral on voit parfois jusqu'à 80 p. 100 de la surface mis en culture. Les indigènes sont en général plus doux et plus travailleurs, plus malléables comme dans toutes les régions prospères. Les cultures, qui sont principalement celles du blé dur, de l'orge, du maïs, sont extrêmement soignées.

C'est là que se trouvent les fameuses terres noires, riches en humus et en alluvions, qui sont peut-être d'anciens fonds de marais, dans les territoires des tribus Chaouyya, Doukkala et Abda. Ces trois provinces ont pour débouchés les ports de Casablanca, Mazagan et Safi, centres importants d'exportation de grains (blés, orge, maïs), lorsque l'année est suffisamment pluvieuse. En 1904, il y avait parfois dix-sept navires sur la rade de Casablanca, attendant leur tour de chargement et les grains d'exportation auxquels les neuf barcasses[1] du port ne pouvaient suffire. Par contre, 1905 et 1906 furent des années de sécheresse et de faible récolte; 1907 constitue une année moyenne. Si l'on considère que dans les conditions actuelles ces régions peuvent déjà devenir exportatrices de céréales, quels espoirs peut-on concevoir lorsque le calme sera rétabli, lorsque de plus grandes surfaces seront ensemencées et que des procédés de culture moins primitifs auront été introduits?

C'est à peine si aujourd'hui les charrues en bois des indigènes, tirées par des bœufs ou des chevaux, égratignent le sol; on produit tout juste pour la consommation annuelle. A quoi bon

1. Barcasses, sorte de chalands servant au débarquement des marchandises au Maroc. Les barcasses font la navette entre la plage ou le petit quai du port et les navires de commerce mouillés à 2 kilomètres au large.

travailler, disent les paysans du Houz, puisque nous sommes fatalement dépouillés, soit par le sultan, soit par les grands caïds, soit par les pillards des tribus voisines.

Lorsque je fus reçu, en 1906, par le plus puissant des caïds du Houz, Si Aïssa ben Omar[1], la première question qu'il me posa fut celle-ci : « A-t-il plu, cette année, en France; comment se comportent vos récoltes de blé? » Je cite ce petit fait pour montrer combien les préoccupations des Marocains roulent autour des questions agricoles, base actuelle de toute prospérité dans ce pays.

Dans les provinces maritimes de l'Atlantique, les arbres sont rares. En dehors des broussailles et lentisques, signalons cependant les vergers de figuiers, d'orangers, d'oliviers, plantés surtout autour des villages. Entre Rabat et Meknès s'étend la seule grande forêt importante, celle des chênes-lièges et des cèdres de la Mamora. Dans le Sud, l'amandier crée un notable commerce d'exportation, et les environs de Mogador sont parsemés d'arganiers.

Dans tout le Maroc agricole, les terres de culture et de pâturage des douars sont nettement délimitées. Les tentes de douars ou villages ne sont point fixes; elles se déplacent constamment, suivant les besoins des labours ou de l'élevage; mais ces déplacements sont très restreints et toujours à l'intérieur des limites des terres appartenant au douar, dont l'étendue dépasse rarement quelques kilomètres dans tous les sens.

C. **Le rôle des ports du Maroc. Leurs relations avec l'Europe.** — La valeur agricole du versant atlantique et le transit commercial vers les deux capitales Fez et Marrakech, expliquent pourquoi les trois quarts du commerce marocain s'effectuent chaque année par les ports de l'Océan, entre Tanger et Mogador.

Le montant annuel des transanctions maritimes dépasse le chiffre global de 90 à 100 millions de francs, y compris le cabotage. Nous donnerons à la fin de cette étude le détail des statistiques pour chaque port. Le chiffre maximum, soit 100 mil-

1. Si Aïssa ben Omar, devenu, en septembre et octobre 1907, ministre des Affaires étrangères du sultan Moulaye Hafid, proclamé à Marrakech par le syndicat des caïds du Sud.

lions, a été atteint, en 1904, après une bonne récolte. Depuis, les chiffres ont un peu fléchi, par suite de deux années de sécheresse.

Pour avoir une idée du commerce extérieur du Maroc, il faut ajouter aux chiffres provenant des douanes maritimes : 1° le commerce par terre avec l'Algérie (environ 10 à 15 millions); 2° le commerce par Melilla et par les presidios espagnols (environ 10 à 15 millions); 3° une majoration d'environ 25 p. 100 sur les chiffres des douanes maritimes marocaines pour compenser les détaxes de valeurs et la contrebande qui s'y pratiquent ouvertement.

Les grands marchés du commerce extérieur marocain sont donc par excellence les huit ports ouverts, dont un seul, presque insignifiant, est situé sur la Méditerranée, Tétouan, tandis que les sept autres donnent accès aux plaines fertiles de l'Atlantique. Les transactions commerciales dans chacun de ces ports s'élèvent en moyenne à une dizaine de millions de francs. Par ordre d'importance, quant au commerce, les sept ports de l'Atlantique se rangent ainsi : Casablanca, Tanger, Mogador, Larache, Mazagan, Safi et Rabat.

Cette énumération résulte des dernières statistiques commerciales, dont les chiffres varient assez brusquement d'une année à l'autre. D'une façon générale, on peut dire que Casablanca dépasse Tanger, à cause de la fertilité de son hinterland, la proprovince des Chaouyya; que Larache a bénéficié, ces dernières années, de la présence du sultan à Fez, d'où un accroissement de transactions qui se reporte sur Mazagan lorsque le Makhzen va résider à Marrakech. Quant aux deux derniers ports, l'un, Safi, est destiné à progresser rapidement et à drainer une partie du transit vers Marrakech, lorsque son port aura été outillé, tandis que Rabat ne prendra jamais une grande extension à cause de sa barre redoutable et de ses conditions nautiques peu favorables. Ajoutons qu'il existe sur cette côte un ou deux ports, actuellement non ouverts par le sultan au commerce européen, qui prendront par la suite toute l'importance qui revient à leur situation nautique et économique.

Dans chacun de ces soi-disant ports marocains, qui constituent à peine ce que les marins appellent des « rades foraines », les navires de commerce doivent mouiller leurs ancres au large de la côte, sans aucun abri contre la mer et le vent. Puis les embarcations du pays, les barcasses, ont à franchir 1 à 2 kilomètres en mer, pour venir chercher, à bord des navires, marchandises et passagers, si le temps le permet. On conçoit combien est précaire et primitif ce mode de débarquement. Les lourdes barcasses, manœuvrées par dix ou vingt rameurs, suivant les ports, rappellent par leurs formes et leur lenteur les galères des temps préhistoriques. Il a été impossible, jusqu'à ce jour, de les faire aider par des remorqueurs à vapeur. Ces remorqueurs existent bien à Larache et à Mazagan[1], mais, en pratique, les Marocains ne s'en servent jamais!

Les barcasses, qui sont placées sous la direction du reïs-el-marsa (capitaine du port) et des oumana de la douane, sont la propriété du Makhzen, et le service des débarquements constitue sur la côte un monopole de l'État marocain. Le moindre clapotis, les fortes pluies, la brume, la marée basse, les barres mauvaises, forcent continuellement à interrompre, pendant plusieurs journées, le chargement des marchandises et leur transport dans les barcasses. Devant les ports à barre, Rabat, Larache et Safi, les vapeurs sont exposés à attendre parfois huit jours, parfois un mois et davantage, la sortie des barcasses. Si la barre de Safi est souvent faible, — et peut être aisément dépassée par un wharf, — les barres de Larache, et plus encore celle de Rabat-Salé, constituent des obstacles redoutables. Pendant la saison d'hivernage, les fortes houles rendent fréquemment ces barres infranchissables, dressant les volutes où l'écume déferle furieusement à 3, 4 et 5 mètres de hauteur. Les transbordements commerciaux entre les navires sur rade et la ville sont alors interrompus, d'où il résulte une grande perte de temps et de lourds frais généraux pour les entreprises de transport.

Les connaissements de la Compagnie Paquet, de Marseille, ont soin de mentionner qu'en cas de barre infranchissable dans les ports de Rabat, Larache et Safi, le fret peut être débarqué au gré du capitaine dans les ports voisins. Ceux-ci, Casablanca,

1. Pendant la fin de l'année 1906 un remorqueur, dirigé par un Marocain très bien instruit à l'Ecole de marine de Livourne, a été mis en service dans le port de Rabat-Salé. Mais ce remorqueur, trop court, passe la barre encore plus difficilement que les barcasses.

Mazagan, Mogador et Tanger, ont en effet des communications avec la terre très rarement interrompues.

Plusieurs Compagnies de navigation françaises relient nos ports de la Méditerranée et de l'Atlantique avec la rade de Tanger. Citons la Compagnie de navigation mixte, qui a un service toutes les semaines sur Tanger par Oran; la Compagnie Transatlantique, la Société de Transports maritimes, la Compagnie havraise péninsulaire, la Société navale de l'Ouest, les Chargeurs-Réunis, la maison Castanié d'Oran, etc. Mais une seule Compagnie française a installé un service permanent entre Marseille, Tanger et tous les ports marocains de l'Atlantique. C'est la Compagnie Paquet, de Marseille, qui a su s'adapter excellemment aux conditions difficiles de la navigation marocaine, et qui défie sur cette côte toute concurrence.

Les navires de la Compagnie Paquet, quittant Marseille les 1er, 11 et 21 de chaque mois, desservent régulièrement tous les ports du Maroc, de Tanger à Mogador. En outre, des navires supplémentaires sont mis en route pour la côte du Maroc, suivant l'abondance du fret à Marseille. Chaque navire reste environ quatre semaines absent de Marseille, faisant toutes opérations commerciales entre les ports marocains, et prolonge son séjour lors des périodes de mauvaise barre. Les mieux aménagés des vapeurs de la Compagnie Paquet sont l'*Arménie*, l'*Anatolie*, la *Mingrélie* (2 600 à 2 800 tonnes), qui font généralement les voyages accélérés, avec départ de Marseille le 1er de chaque mois. Les navires de la Compagnie Paquet quittent toujours la France avec un plein chargement de marchandises, la Compagnie de navigation de Marseille étant doublée d'une maison de commerce très active qui fournit la majeure partie des chargements. De même des agents commerciaux sont établis dans tous les ports du Maroc, et leur vieille expérience des usages locaux leur permet de fournir à la Compagnie le maximum du fret de retour disponible.

On ne saurait trop remercier la Compagnie Paquet de tenir haut et ferme, depuis tant d'années, le pavillon français dans tous les ports du Maroc.

Parmi les services de navigation établis par les étrangers, il faut citer en première ligne la Compagnie anglaise Forwood Brothers (Mersey steamship Company Ld), qui dessert à la fois les ports de l'Atlantique marocain et les îles Canaries. Il y a un départ de Londres à peu près chaque semaine, pour Gibraltar, Tanger, tous les ports du Maroc jusqu'à Mogador, les îles Canaries, et retour à Londres en 25 jours (navires de 2 200 à 2 800 tonnes). Ensuite viennent les deux Compagnies anglaises de Gibraltar, Bland Line, Compagnie Mateos and Sons, qui envoient à Tanger et sur la côte des vapeurs de très faible tonnage, pouvant entrer dans le port intérieur de Larache.

Une Compagnie de navigation allemande très active sur la côte, où cependant elle semble charger beaucoup moins que les navires Paquet et Forwood, c'est l'Oldenburg Portugiesiche Dampschiffs Rhederei, qui part de Hambourg les 15 et 20 de chaque mois. Le tonnage des navires varie entre 450 et 2 800 tonneaux; une partie du fret lui est fournie par les marchandises du port belge d'Anvers.

Les ports d'Espagne sont reliés au Maroc : 1° par la Compagnie Transatlantique, qui dessert tous les ports du Maroc et les îles Canaries; 2° la ligne de Cadix à Tanger, trois fois par semaine; 3° les Compagnies Ruys y Torrès (de Barcelone), Antoine Millan (de Cadix), etc.

Il faut citer encore les gros navires anglais de la Compagnie Peninsular and Oriental, qui toutes les semaines relient Marseille (ou Londres) à Gibraltar, et par suite à Tanger. Puis l'Orient Pacific Line (Londres), la Deutsche Ost Africa Linie (de Hambourg), le Servizio Italo-Spagnuolo (de Gênes), le Norddeutscher Lloyd, la Société hongroise Adria (de Trieste), la Moss Steamship Company (anglaise), le Hall's Line (anglaise), qui toutes font escale à Gibraltar, d'où il y a trois fois par semaine un service sur Tanger.

Il ne faut pas oublier qu'en fait tous les ports de la côte atlantique du Maroc ne sont desservis que par quatre lignes de navigation régulière : Paquet (de Marseille), Forwood (de Londres), Oldenburg (de Hambourg), Transatlantica (de Cadix), auxquelles s'ajoutent à des époques variables les petits vapeurs gibraltariens et espagnols.

D. **Notions sur l'hydrographie de la côte marocaine (1904-1907).** — On peut dire qu'au point de vue du navigateur il n'existe sur la côte atlantique du Maroc aucun port naturel, aucune rade abritée creusée par la nature et où le marin se sente protégé contre les coups de vent du large.

D'où la nécessité qui s'imposera de créer pour le développement des transactions commerciales, des ports artificiels, soit en construisant des jetées ou des digues comme en Algérie, soit en creusant des bassins à flot.

A chaque coup de vent les vapeurs sont actuellement obligés de prendre le large, et d'attendre à la cape la fin de la tempête. Sur cette côte ingrate, battue par la houle et les vents de l'Atlantique, l'homme n'a rien fait pour remédier aux imperfections de la nature. Les vapeurs naviguent de jour en se tenant *grosso modo* à quelques milles de la terre. Il n'existe à partir de Tanger ni phares ni balisage. Dès que survient la nuit, ou par temps de brume, les vapeurs piquent nettement au large, fuyant la côte à tout prix comme des aveugles qui tournent le dos à un précipice redouté.

Les cartes marines anciennes, résultant de rapides croquis sous voiles exécutés en 1835, ne sont exactes ni comme distances ni comme fonds, et des rochers dangereux restaient inconnus, même au voisinage des ports les plus fréquentés. Les capitaines des navires de commerce signalaient chaque année ces défectuosités de la cartographie maritime.

C'est pour remédier à cet état de choses, pour assurer la sécurité des routes nautiques à nos vaisseaux de commerce et de guerre, pour servir sur ces côtes nos intérêts commerciaux et politiques, qu'il me fut proposé en fin 1904 de prendre la direction d'une mission d'études maritimes au Maroc.

Notre premier objectif était d'exécuter sur le littoral des travaux de triangulation scientifique, pour en fixer la forme exacte; puis d'effectuer dans les ports et au large des sondages aussi resserrés que possible, pour déterminer le relief sous-marin. Ces travaux permettaient d'atteindre le but cherché : 1° la publication de cartes marines exactes, pour assurer la sécurité de la navigation et faciliter les mouillages; 2° la recherche et la détermination des têtes de roches dangereuses; 3° la préparation du balisage et de l'emplacement des phares; 4° l'étude des travaux d'outillage et d'aménagement des rades foraines, et le choix logique des points de la côte présentant les meilleures conditions pour les travaux hydrauliques importants et la création de véritables ports.

L'hydrographie d'une côte longue de 800 kilomètres est un travail de patience et de dévouement qui exige plusieurs années d'études et de sondages. Au Maroc, des difficultés graves et nouvelles résultaient de l'état d'insécurité actuelle du pays, des défiances invétérées contre les Européens, et des interdictions apportées par le Makhzen aux débarquements sur les côtes.

Il est en effet interdit, au Maroc, de débarquer en aucun point de la côte, hors des huit ports ouverts par le sultan au commerce avec l'étranger. Il n'y a de douanes établies par le Makhzen que dans les huit ports ouverts, sous la direction des *oumana*, notables Marocains qui pèrçoivent les droits d'entrée et de sortie. Sous le prétexte de chercher à réduire la contrebande sur le littoral, le sultan ferme jalousement le reste des côtes du Maroc aux entreprises des Européens. « Chose étrange, le sultan, dont l'autorité sur terre est si fragile, est particulièrement jaloux de son autorité sur le rivage. C'est en effet par le rivage que lui arrive l'Europe. La mer est le chemin des Infidèles, et il convient que la porte ne soit pas trop ouverte à l'extrémité du chemin [1]. »

Si l'on jouit parfois d'une sécurité relative en voyageant par terre avec les caravanes, dans certaines provinces de l'Empire chérifien, sous la sauvegarde soit des mokhaznis des caïds, soit des zettats fournis par les tribus, — il est au contraire partout impossible de débarquer d'un navire sur le littoral, en dehors des ports ouverts. Chez les riverains de la mer, l'habitude séculaire est de piller tout ce qui vient de l'Océan, de rançonner les naufragés, de s'emparer des embarcations et des épaves; pour eux tout ce qui arrive par la mer, c'est l'ennemi. Dans les tribus de bled siba (Riff, Djebala, Sous, Sahara), on tire souvent sur les embarcations qui s'approchent du rivage. Dans les pays makhzen, on craint une descente de vive force de l'étranger. Dès qu'un navire est signalé près du littoral, des gardes et des détachements prennent des postes de veille, prêts à ouvrir le feu et à appréhender les imprudents qui débarqueraient. Il y a là un état d'esprit naturel dans un pays aussi moyenâgeux que

1. Citation extraite de l'ouvrage : *Une croisière commerciale au Maroc*, par E. Déchaud, secrétaire de la Chambre de commerce d'Oran.

le Maroc et il ne faut pas songer à changer cette mentalité dans l'état actuel de l'Empire chérifien.

Nous avons eu soin de nous conformer aux usages et aux coutumes du pays, et de ne jamais débarquer hors des ports ouverts au commerce. Pour les opérations hydrographiques, nous avions deux équipes opérant séparément, l'une à terre voyageant en caravane sur le littoral, l'autre effectuant les sondages en mer.

Notre première campagne de levés et de sondages (1905-1906) a porté d'abord sur les rades les plus fréquentées par le commerce, et parmi celles-ci furent étudiées les moins connues et les plus redoutées des capitaines des navires : la rade de Mazagan, l'épi d'Azemmour. Les embouchures des fleuves et les baies propices à la création de ports furent aussi fixées dans leurs conditions nautiques. A la suite de ces travaux purent être dressées et publiées les cartes marines suivantes : rades de Mazagan, d'Azemmour, de Mogador; les plans nautiques d'Agadir, embouchure du Tensift, baie de Fedâla, Méhédiya et l'embouchure du Sebou. Des rochers sous-marins particulièrement dangereux furent repérés au large de Mazagan et de l'épi d'Azemmour, près de l'embouchure de l'Oum-er-Rebia. La longitude de la côte fut corrigée d'une erreur moyenne de 3 milles, atteignant même 4 milles à Casablanca. Le secteur de côtes de Mazagan à Safi fut triangulé; tandis que dans la région située entre Rabat et Larache le cours du fleuve Sebou était topographié et sondé pour la première fois, malgré l'hostilité des riverains.

A la suite de la seconde campagne hydrographique (1906-1907) furent dressées les cartes marines de Casablanca, Safi et Rabat-Salé. Des travaux de triangulation géodésique et de topographie fixèrent la forme exacte du littoral, d'une part entre Rabat et Casablanca, d'autre part entre Casablanca et Mazagan, puis de Safi à Mogador. S'il est possible de continuer les sondages en mer, il est probable que la période de troubles qui caractérise en ce moment le « pays des Chérifs » fera reporter à une période très éloignée l'achèvement de ces travaux de triangulation entre Rabat et Tanger, dans une région où nombre de tribus s'opposent aux observations scientifiques des Européens.

DEUXIÈME PARTIE

Monographie succincte des ports du Maroc. Denrées d'exportation et d'importation. Statistiques commerciales.

Nous avons constaté déjà le rôle considérable joué par les ports de l'Atlantique dans le commerce marocain, parce que ces ports donnent accès aux meilleures provinces agricoles et aux deux villes capitales : Fez, Marrakech.

En étudiant la situation commerciale dans chacun de ces ports, nous décrirons sommairement les traits caractéristiques de chaque ville, et ceux des tribus environnantes dont les caravanes apportent sur les marchés ou dans les magasins les productions locales.

En premier lieu nous parlerons de Casablanca, le port le plus important par le mouvement des marchandises, pendant ces dernières années. Ensuite nous étudierons les ports du Sud marocain, débouchés du Houz de Marrakech : Mogador, Safi, Mazagan. Nous terminerons par les ports du Nord marocain, situés au débouché de Fez : Rabat, Larache et Tanger. Nous passerons rapidement sur Tanger, déjà décrite maintes fois dans des ouvrages spéciaux[1], et sur Tétouan, le seul port marocain, d'ailleurs de très faible transit, qui soit situé sur la Méditerranée.

E. **Casablanca**. — Le port de Casablanca est le débouché du Maroc central, formé par les provinces des Chaouyya et des Tadla, situées juste à mi-distance entre les ports extrêmes du « pays des Chérifs » : Tanger au Nord, et Mogador au Sud.

Le nom antique de la localité était Anfa. Son nom actuel, qui

1. Voir, par exemple, *Tanger*, par M. Albert Cousin (1903).

RABAT. — LE PORT INTÉRIEUR SUR LE BOU REGREG ET LA QASBA DES OUDAIA.

Phototypes A.-H. Dyé.

CASABLANCA. — LA PORTE DE LA MARINE ET LE PORT DES BARCASSES A MARÉE BASSE EN 1907.

est en arabe : Dar-el-Beïda (la maison blanche), semble dater de la période de prospérité qui commença sous l'occupation par les Portugais de toute la côte marocaine, au xvie siècle. Il est probable que la ville doit sa fondation à l'existence d'une petite anse très étroite, où la houle du large vient s'éteindre sans déferler, tandis qu'aux alentours elle court se briser furieusement et se tordre en hautes volutes sur les rochers plats qui bordent la côte. Cette petite anse constitue aujourd'hui le port des barcasses du Makhzen; au fond on a édifié la porte de la Marine et les bâtiments de la douane. D'ailleurs il est à noter que partout où une petite baie présentait le moindre abri, ou des conditions nautiques favorables au débarquement, les marins portugais ont jadis construit des châteaux forts, des citadelles aujourd'hui en ruines, ou des murailles et cités reconquises par les musulmans.

Casablanca doit sa prospérité présente à la fertilité de la province des Chaouyya et des régions voisines, où se trouvent des régions agricoles à la terre noirâtre ou rougeâtre, bien arrosées par des rivières et de nombreuses sources [1]. Pouvant exporter les produits du sol, les laines, les peaux de chèvres, les bœufs et les moutons sur pied, les céréales lors des années pluvieuses, etc., les indigènes des tribus environnantes ont une notable capacité d'achat pour les importations européennes, les sucres, les tissus, les bougies, les thés, les semoules dans les années de disette, etc.

La rade foraine de Casablanca est visitée chaque année par plus de 300 navires (exactement 340 en 1906). Le mouillage, où la tenue des ancres est mauvaise, est à peine abrité contre les vents de Sud-Ouest par la presqu'île Aounk, mais il est largement ouvert aux vents de l'Ouest et de Nord-Ouest qui sont dangereux en hiver, et exposé à la houle de l'Océan. En attendant que la ville soit dotée d'un véritable port artificiel, on sait que le Makhzen a chargé une Compagnie française [2] de la construction d'un petit port, avec des quais, des jetées et des maga-

1. Voir à ce sujet les ouvrages très documentés du Dr Weisgerber, qui parcourut pendant quatre années le territoire des Chaouyya.

2. La Compagnie Marocaine dont le siège social est à Paris, et qui possède une quinzaine d'agences à Tanger et dans toute les villes du Maroc. Pour ces travaux, la Compagnie Marocaine a soustraité avec MM. Donnadix et Gindro, entrepreneurs à Marseille.

sins pour abriter les chalands et remorqueurs, et faciliter le déchargement des navires de commerce.

La population de Casablanca s'élève à 25 ou 30 000 habitants, dont 5 000 juifs et environ 600 Européens. Les musulmans sont pour la plupart des parents ou des correspondants des tribus berbères de l'intérieur, c'est-à-dire des campagnards de fraîche date; on ne rencontre point les vieilles familles makhzen, l'ancienne aristocratie mauresque qui est la parure et l'orgueil des cités purement marocaines : Fez, Rabat-Salé et Tétouan. La plus grande partie de cette population, surtout celle qui habite dans les faubourgs du Sud-Ouest en dehors des murailles, est pauvre et vit misérablement. Mais les jours de marché l'animation est extraordinaire dans les petites rues tortueuses, à cause de l'afflux des campagnards caracolant sur chevaux et mulets, avec l'encombrement des caravanes de chameaux chargés de sacs de grains, de peaux et de ballots d'étoffe. La population israélite est plus dense dans les quartiers de l'Est, mais elle n'est point renfermée dans un quartier spécial, le mellah, comme il est de règle dans la plupart des cités marocaines, à Mogador, à Rabat, etc. ; l'école de l'Alliance israélite universelle, qui compte ici plus de 300 élèves, a permis à toutes les jeunes générations de parler un français très pur et d'évoluer en même temps vers les idées européennes[1].

Quant à la colonie européenne, c'est la plus importante qui existe au Maroc, en dehors de Tanger. Plusieurs cercles et clubs locaux ont été fondés, et Casablanca s'enorgueillit des « seasons officielles » qu'elle inaugura sur la côte du Maroc. En outre du corps consulaire, qui pour chaque nation comporte un consul de carrière ayant généralement autorité sur les ports voisins, les notables des principales maisons de commerce sont des Français, des Anglais et des Allemands, tandis que la colonie espagnole, numériquement la plus nombreuse comme à Tanger, n'est composée que de petits artisans, de commerçants détaillants, et enfin de prolétaires dépourvus de capitaux. Parmi les notabilités de la colonie française il faut citer : le personnel de l'agence du Comptoir d'Escompte, qui est devenue depuis

1. Les événements d'août 1907 et l'occupation par les troupes françaises, sous les ordres des généraux Drude et d'Amade, ont temporairement modifié la physionomie ancienne de Casablanca.

mars 1907 une succursale de la Banque d'État du Maroc, et l'agence de la Compagnie algérienne; puis le personnel du Contrôle des douanes, représentant les porteurs de titres de l'Emprunt marocain 1904, et enfin le médecin du dispensaire français. La plupart des maisons de commerce installées à Casablanca effectuent les opérations d'importation et d'exportation en tous genres. Les plus connues sont : pour la France, l'agence de la Compagnie Paquet (M. Philip), Braunschvig et Cie, Ferrieu et Cie, Canepa, Bonnet, l'agence de la maison Saint frères, l'agence de la Compagnie Marocaine (M. Soudan, M. Fournier), etc.; pour l'Angleterre, les firms Fernau et Co, Lamb brothers, Murdoch-Butler et Co, etc.; pour l'Allemagne, les maisons Brandt et Toel, Ficke et Cie, Haake. L'entreprise des travaux du port de commerce, concédée par le Makhzen à une Compagnie française, est destinée à accroître considérablement notre colonie. A noter que les principaux hôtels, comme dans les autres ports du Maroc, ont été créés par des Français.

La ville de Casablanca est plate et laide, sans monuments intéressants. Les maisons à terrasses, disséminées au hasard des ruelles tortueuses, n'ont pas de caractère; elles ressemblent à celles des villes du Sud de l'Espagne, Séville, Cadix, Malaga, et possèdent généralement un patio, ou cour intérieure dallée. Dans les constructions neuves les poutres de fer importées de Belgique sont très usitées. On y chercherait en vain de beaux spécimens des maisons mauresques. De hautes murailles entourent ce chaos de bâtisses disparates; quatre portes seulement permettent la communication avec l'extérieur. A l'Ouest de la ville une enceinte neuve a été bâtie par le Makhzen, mais personne jusqu'à ce jour n'a voulu construire à l'intérieur. Dans les dernières années les Européens ont bâti quelques villas et habitations dans les jardins et vergers au Sud de la ville[1]. Un faubourg indigène important, composé de huttes en chaume, existe au Sud-Ouest, près de la porte de Marrakech. Une autre porte, bab-el-Marsa, donne accès sur la mer en face de l'anse des barcasses, et près des bâtiments de la douane. Les deux dernières portes, bab-el-Djedid et bab-es-Souk, s'ouvrent dans

1. C'est l'emplacement occupé depuis août 1907 par le camp des troupes françaises chargées de réprimer et de pacifier les Chaouyya.

la muraille de l'Est, donnant accès au grand marché extérieur aux murailles.

Les barcasses de débarquement, appartenant au Makhzen, sont au nombre de neuf, ce qui est souvent insuffisant pour l'activité du port. Malgré la grosse houle de la rade, les opérations d'acconage sont presque toujours possibles, sauf dans les journées exceptionnelles où la mer vient battre rudement contre les murailles et contre la porte de la douane.

Le mouvement du port, c'est-à-dire le mouillage des navires sur la rade, est résumé dans la statistique suivante :

1900	320	1903	305
1901	310	1904	316
1902	325	1905	394

1906. . . . . . . 340 navires jaugeant 246 279 tonnes,

dont 83 900 tonneaux sous pavillon français, 58 800 tonneaux sous pavillon anglais, 50 900 tonneaux sous pavillon allemand, 35 100 tonneaux sous pavillon espagnol.

Casablanca est généralement le port marocain qui offre le plus fort chiffre d'exportations. Ce fait s'explique par la fertilité des régions agricoles voisines, et il doit faire présager pour la ville une prospérité durable, tandis que les ports de transit vers Fez et vers Marrakech, Larache, Mazagan, Mogador offrent parfois des fluctuations considérables dues à un simple déplacement du Makhzen, à l'insécurité des routes des caravanes, etc. C'est le chiffre des exportations de Casablanca qui permet à ce port de dépasser, le plus souvent, le mouvement commercial de Tanger, où les importations sont très élevées et les exportations faibles par suite des conditions agricoles moins favorables des provinces avoisinantes. Les exportations du port de Casablanca ont dépassé 10 millions en 1902. Les années suivantes elles se sont élevées à 8 ou 9 millions en moyenne; si elles ont un peu fléchi, comme toutes celles des ports du Maroc, c'est à cause des années de sécheresse exceptionnelle subies par ce pays en 1904 et 1905.

La province des Chaouyya et les régions voisines sont riches en troupeaux de moutons et en bêtes à corne. L'élevage des moutons est très répandu dans les campagnes, et ce sont les produits de cet élevage qui constituent les principaux articles d'exportation. Il est même à craindre que pendant les dernières années les paysans marocains n'aient pas assez ménagé leurs troupeaux et aient vendu en trop grande quantité les peaux du bétail que la sécheresse rendait difficile à nourrir. A noter que l'exportation des bœufs sur pied est limitée chaque année par le Makhzen à un chiffre déterminé.

Les denrées d'exportation à Casablanca sont donc en première ligne : les laines en suint et les laines lavées, qui se dirigent surtout vers le Nord de la France (pour plus d'un million chaque année); les peaux de mouton, qui sont expédiées aussi surtout vers la France; les peaux de chèvres, dirigées sur la France, l'Angleterre et les États-Unis (pour près d'un million); les bœufs sur pied, expédiés sur Gibraltar (Angleterre), qui constitue pour le Maroc un débouché très notable, sur l'Espagne et sur l'Algérie (France); les peaux de bœufs, qui vont surtout en Espagne.

Ensuite il faut citer l'exportation des œufs, vers l'Angleterre; des graines de lin, vers l'Angleterre et l'Allemagne; de la cire et du coriandre, vers l'Allemagne. Quant aux sorties d'orge, de maïs, de fèves et de pois chiches, expédiées vers l'Angleterre, l'Espagne et la France, leur valeur est très variable suivant les années (de 2 millions en moyenne à 4 millions). Signalons que dans les bonnes années (par exemple en 1902) l'exportation des pois chiches dépasse 2 millions de francs, la moitié allant en Espagne.

Les importations du port de Casablanca, numéraire non compris, se chiffrent pour ces dernières années par une moyenne de 8 à 9 millions. Les denrées venant d'Europe sont par excellence les tissus d'Angleterre et le sucre de France. Depuis les mauvaises récoltes de 1904 les farines et les semoules travaillées à Marseille ont été introduites par quantités notables dans tous les ports marocains.

Les articles d'importation touchant à l'alimentation et à la consommation viennent donc presque tous de France, tandis que plus de neuf dixièmes des tissus et cotonnades sont fournis au Maroc par l'Angleterre.

Pendant les dernières années il faut citer parmi les articles d'importation : les cotonnades, en moyenne 3 millions de francs; le sucre, moins de 3 millions; les farines, semoules et céréales; les draps et lainages venant d'Allemagne (environ

300 000 francs); les bougies de paraffine, de qualité très inférieure, venant d'Angleterre (200 000 francs); le thé, qui provient surtout d'Angleterre (près de 1 million); les fers et aciers, envoyés surtout par l'Allemagne (300 000 francs); les soieries provenant de France (100 000 francs); les ciments et papiers venant surtout de France; la verrerie, les vins et spiritueux, la quincaillerie, provenant de tous pays.

Voici les statistiques qui résument l'activité commerciale de Casablanca pendant les six dernières années :

	1901	1902	1903
	—	—	—
Exportation	7 608 000	10 183 000	8 875 000
Importation	8 859 000	9 493 000	9 703 000
Totaux	16 467 000	19 676 000	18 578 000
	1904	**1905**	**1906**
	—	—	—
Exportation	9 427 000	8 148 000	6 204 000
Importation	9 800 900	7 301 000	7 872 000
Totaux	19 227 000	15 449 000	14 076 000

(Sans le cabotage marocain.)

Les chiffres des années 1905 et 1906 sont ceux qui ont été fournis par les contrôleurs français de la délégation des porteurs de titres de l'emprunt marocain. Notons qu'ils diffèrent sensiblement des évaluations publiées par le Foreign Office anglais, d'après les rapports des consuls.

Les documents anglais estiment, en effet, pour l'année 1906, le chiffre total des affaires à 18,2 millions de francs, soit 7,4 millions à l'exportation et 10,8 millions à l'importation. D'après cette statistique, la France occuperait de beaucoup le premier rang avec 2,6 millions de produits exportés, 4,9 de produits importés, au total 7,5 millions d'affaires. L'Angleterre viendrait ensuite avec 1 million à l'exportation, 4,1 millions à l'importation, soit 5,1 millions au total. Puis l'Allemagne, avec 1,9 million à l'exportation et 0,9 million à l'importation; enfin l'Espagne avec un chiffre d'affaires total n'atteignant pas un demi-million.

Il n'est pas douteux que les statistiques françaises ne soient toujours au-dessous de la réalité, parce qu'elles ne font pas entrer en compte : 1° le cabotage entre ports marocains; 2° les marchandises entrant en contrebande, ou totalement dégrevées par faveur des oumana; 3° les sous-estimations, volontaires ou non, des douaniers marocains; 4° les marchandises considérées comme avariées.

Quoi qu'il en soit, tous ces documents s'accordent pour reconnaître la prépondérance considérable prise par le commerce français à Casablanca, tandis que le commerce anglais a décliné nettement au second rang et que celui de l'Allemagne, au troisième rang, a quelque peu progressé. Les mêmes situations relatives, à peu de chose près, seront constatées dans les autres ports du Maroc, ce qui permet à la France et à ses colonies (Algérie, Sénégal) d'absorber 40 à 50 p. 100 de l'ensemble du commerce extérieur marocain.

Fedâla. — Non loin de Casablanca (à 23 kilomètres) il faut signaler le port non ouvert de Fedâla, créé par une petite baie bien abritée par des rochers contre les vents de Sud et d'Ouest. Les navires de faible tirant d'eau y trouvent un bon mouillage, parfois utilisé pour la contrebande. Aux siècles derniers, les sultans ont parfois autorisé le commerce des grains par la petite baie de Fedâla. Une kasba, ou enceinte fortifiée, de forme carrée, est bâtie un peu à l'intérieur des terres; elle ne renferme que des maisons en ruines, dont quelques-unes bâties par les Portugais, et une mosquée.

Quoique les conditions nautiques de Fedâla rendent cette anse minuscule propice à la construction d'un port de commerce, nous ne croyons pas que cette bourgade rivalise jamais avec la ville de Casablanca, à cause des intérêts matériels et des courants commerciaux déjà établis dans ce dernier port. Fedâla sera un jour un petit port intéressant pour la pêche et pour l'exportation des produits agricoles des Zenata. Mais Casablanca restera le débouché de la grande région des Chaouyya, comme Alexandrie, Tunis, Bordeaux n'ont point été détrônés par Port-Saïd, Bizerte ou La Pallice.

Note sur les conséquences de l'intervention des troupes françaises à Casablanca[1].

A la suite des événements d'août 1907, qui rendirent inévitable le débarquement des troupes françaises, et les opérations mili-

1. Note écrite en décembre 1908.

taires qui ont eu lieu pendant près d'une année dans la province des Chaouyya, la physionomie de Casablanca et les habitudes commerciales de la place, ont été quelque peu modifiées.

Le pillage de la ville par les tribus rurales, et les attaques incessantes dirigées en fin 1907 contre les troupes du corps de débarquement avaient eu pour premier résultat de faire fléchir le mouvement commercial. Mais la pacification du territoire des Chaouyya et le rétablissement du calme chez les tribus voisines furent obtenus en 1908 après les brillantes opérations du général d'Amade, et grâce à l'établissement des postes régionaux. Dès lors les douars soumis regagnèrent leurs terres; ils purent reprendre les travaux de culture et d'élevage sous la protection de nos troupes; les marchés furent rétablis, et les caravanes recommencèrent à sillonner le pays. Le trafic entre Casablanca et l'intérieur put renaître et se développer dans des proportions considérables.

Il est à prévoir que, grâce à l'occupation de cette région par nos troupes d'Afrique, le commerce va entrer dans une ère de prospérité jusqu'ici inconnue et dont les statistiques douanières des premiers mois de 1908 font présager dès aujourd'hui l'heureux essor. Des travaux d'intérêt général, inappréciables pour la facilité des relations commerciales, ont été réalisés par la main-d'œuvre militaire : des voies de communications, des routes carrossables, des ponts (tels que celui sur l'oued Nefifikh), des quais (tels que ceux en face d'Azemmour), un double réseau télégraphique et téléphonique reliant les postes de la Chaouyya, des maisons et des qasbas reconstruites, enfin un chemin de fer Decauville de 42 km. de long, — de Casablanca à Ber-Rechid, — qui constitue la première voie ferrée pénétrant de l'Atlantique vers l'intérieur du Maroc.

Les travaux du port de Casablanca ont été repris, et l'exécution se poursuit sur des bases plus larges, parce que des crédits plus importants peuvent désormais être consacrés avec sécurité à cette œuvre primordiale pour le commerce. Le corps de débarquement laissera dans la province, au grand profit du commerce local, l'empreinte civilisatrice et durable créée par ces travaux publics. Confiants dans notre justice les indigènes ont repris leurs achats de cotonnades, de sucre pour les marchés de l'intérieur; ils ont recommencé les labours, les travaux de culture et d'élevage qui alimentent le commerce d'exportation.

Sans faire entrer en ligne de compte les marchandises, approvisionnements et matériel apportés pour les troupes françaises et espagnoles par les transports et affrétés, ni toutes les denrées destinées à des soumissionnaires pour les troupes (et de ce fait dégrevées de tous droits de douane), les statistiques douanières chiffrent comme il suit le mouvement commercial de Casablanca pendant les sept premiers mois de 1908 :

	Nombre des navires entrés dans le port.	Valeur totale des marchandises en pesetas hassani.
	—	—
Janvier 1908.	23	1 320 000
Février —	21	1 575 000
Mars —	28	1 220 000
Avril —	37	1 875 000
Mai —	33	2 250 000
Juin —	40	2 550 000
Juillet —	48	3 500 000

Cette progression se passe de commentaires.

F. Les ports du Sud marocain, débouchés de Marrakech. — 1° Mogador. — Cette ville est le port ouvert le plus méridional du Maroc. Elle sert de débouché aux territoires situés au Sud du fleuve Tensift : ceux des Mtougga, des Haha, une partie des Chiadma, et enfin aux provinces situées au Sud de l'Atlas : le Sous, l'Ouad-Noun.

Une très faible partie de transit de Marrakech passe par Mogador ; car, dans l'état actuel, la route préférée, presque exclusivement, par les caravanes de la grande capitale du Houz, aboutit à Mazagan. Ce sont les caravanes pour le Sous et le Sahara marocain qui permettent à Mogador de tenir, le plus souvent, le troisième rang parmi les ports du Maroc, après Casablanca et Tanger.

Mais on voit que cette prospérité est quelque peu éphémère, car le jour où, plus au Sud, le port d'Agadir sera ouvert, les caravanes de chameaux du Sous et du Sahara marocain iront naturellement aboutir dans ce dernier port, au lieu de suivre le long du littoral la dure route d'Agadir à Mogador. De même le transit vers Marrakech est appelé dans l'avenir à être de plus en plus absorbé par le port de Safi, dès qu'un wharf permettra de supprimer l'obstacle actuel créé très souvent par la barre de ce port. Les régions avoisinant Mogador sont moins fertiles que l'hinterland de Casablanca, de Mazagan, et que la vallée du Sebou.

La rade de Mogador semble à première vue présenter les meilleures conditions nautiques de la côte Ouest du Maroc. Elle est bien abritée contre les vents de Nord et d'Est par la presqu'île sur laquelle est bâtie la ville, et par les hautes dunes du littoral; à l'Ouest, une île de rochers protège partiellement la rade intérieure. Mais les vents de Sud-Ouest, fréquents en hiver, sont très dangereux, soulevant en rade un violent ressac; dans la mauvaise saison, les navires, qui chaque jour s'approchent du rivage pour les débarquements avec les barcasses, sont obligés pour la nuit de sortir de rade et de mouiller au large où ils sont plus en sécurité.

Il existe à gauche de la porte de la Marine un petit bassin, praticable pour les barcasses à marée haute; mais à marée basse il est à sec, et les débarquements deviennent très difficiles, s'effectuant sur les rochers de la plage. Il est urgent de construire des petits quais ou des jetées, en utilisant ces rochers, pour pouvoir accoster les chalands et remorqueurs à toute heure de marée.

La ville de Mogador doit son nom à Sidi Mogdoul, saint marabout, patron de la cité, dont le tombeau est situé sur la plage de sable, à environ 5 kilomètres des remparts. Elle fut reconstruite vers 1760, sur l'emplacement de l'antique Tamusiga, par des esclaves chrétiens et sur les plans de l'ingénieur français Corbut, prisonnier du sultan Mohammed. On y trouve en effet quelques rues droites et larges, tout à fait différentes des ruelles tortueuses qui caractérisent les villes arabes, et quelques constructions offrant des vestiges de l'art français du XVIIIe siècle.

La ville plate est bâtie sur une lagune de sable, surmontant la mer de quelques mètres à peine, et de tous côtés les murailles de l'enceinte fortifiée sont environnées soit par la mer, soit par les dunes de sable qui s'élèvent rapidement vers l'intérieur. Le climat est excellent, toujours tempéré par les brises marines; il rappelle par la constance de la température le climat célèbre de l'île Madère. Quoique situé dans la partie méridionale du Maroc, le port de Mogador bénéficie d'une uniformité et d'une douceur de température tout à fait remarquables ; il y fait notablement moins chaud qu'à Safi (situé à une petite distance au Nord), pendant l'été, et un peu moins froid qu'à Casablanca et à Rabat pendant l'hiver. Voici des chiffres résultant d'une moyenne de huit années d'observation : température maxima 21°,8; température minima 13°,6.

La population est d'environ 22000 habitants, dont près de la moitié sont des Juifs, vivant dans un mellah. Comme à Casablanca, l'école de l'Alliance israélite universelle a obtenu des résultats remarquables, et tous les Juifs des jeunes générations parlent le français; il y a également une école israélite anglaise pour les jeunes filles.

Les colonies européennes comptent une centaine de personnes, parmi lesquelles les Anglais et les Espagnols sont les plus nombreux. Le corps consulaire est composé de consuls de carrière pour la France, l'Angleterre, l'Espagne, et de négociants faisant fonctions d'agents consulaires pour les autres nations. La colonie française s'est accrue pendant les dernières années, en particulier des agents de la succursale de la Banque d'État du Maroc, du médecin du dispensaire officiel, du médecin du lazaret chérifien et de nombreux commerçants. Les maisons de commerce les plus notables, effectuant les opérations d'importation et d'exportation en tous genres, sont les suivantes : pour la France : l'agence de la Compagnie Paquet (M. R. Boulle, banquier), l'agence de la Compagnie Marocaine, MM. Borgeaud et Reutemann, Dahan frères, Coriat, Jaquety, Sandillon, etc. ; pour l'Angleterre, l'agence de la Compagnie Forwood (M. Griffin), MM. Lévy brothers, et des israélites protégés anglais; pour l'Italie, MM. Lumbroso, Corcos, Pinero, etc. ; pour l'Allemagne, MM. de Maur (agent consulaire), Marx, etc.

Toutes les routes commerciales suivies par les caravanes sortant de Mogador ont des « nzala », c'est-à-dire des postes de gardes, prélevant les impôts ou droits de passage pour le compte de Si Ahmed Ould *Anflous*, caïd des Haha. Ce caïd est le rival de Guellouli, situé plus au Sud, et du Mtouggi, dont les vastes territoires s'étendent à l'Est vers Marrakech ; ces deux caïds voudraient aussi avoir un débouché sur un port de mer, pour bénéficier du produit des « nzala ». Nous reparlerons des grands caïds du Sud marocain au sujet de Safi, qui est englobée dans les territoires du caïd des Abda.

Le port de Mogador a des relations suivies avec les îles Canaries par les vapeurs anglais et espagnols.

Le mouvement de la navigation sur la rade est résumé par le tableau suivant :

1901	146	1904	155
1902	143	1905	176
1903	152	1906	170

Le tonnage des navires entrés et sortis en 1906 est de 140 000 tx., soit 61 anglais (55 000 tx.,), 37 français (37 000 tx.), 28 allemands (26 000 tx.), 18 italiens (12 000 tx.), 15 espagnols (8 000 tx).

Le commerce de Mogador est alimenté pour une part notable (6 à 7 millions) par le transit vers les provinces au Sud de l'Atlas, le Sous, l'Ouad Noun. Les céréales sont ici peu cultivées, la région étant moins fertile et moins arrosée que dans les provinces septentrionales, et jamais elles ne donnent lieu à un commerce d'exportation. Un des végétaux caractéristiques de cette région, c'est l'arganier, arbre disséminé partout dans la campagne; on extrait de son amande une huile très estimée pour la consommation, mais dont l'exportation est interdite par le Makhzen [1]. Les productions locales pour l'exportation sont par excellence les amandes et les peaux de chèvres.

Les denrées d'exportation à Mogador sont donc principalement : les amandes, à destination de l'Allemagne et de l'Angleterre (valeur 1,5 à 6 millions suivant les années); les peaux de chèvres, dont 1,8 million ont été dirigées sur les États-Unis en 1906, le reste allant en Allemagne, en France et en Angleterre pour plus de 1,5 million; les peaux de moutons et les peaux de bœufs; les œufs, à destination de l'Angleterre (valeur 2 millions); la gomme sandaraque pour l'Angleterre et l'Allemagne (0,5 million); l'huile d'argan, allant dans les autres ports de la côte du Maroc (environ 1 million).

Les articles d'importation sont exactement les mêmes qu'à Casablanca et expédiés toujours par les mêmes nations.

1. L'exportation des chevaux, des chameaux, etc., est interdite par le Makhzen; la liste des articles exportables est fixée par les traités de commerce.

Il faut citer en première ligne : les tissus et cotonnades, valeur 2 à 3 millions, venant presque exclusivement d'Angleterre; les sucres, valeur moins de 2 millions, venant pour les 9/10 de France; les thés, venant d'Angleterre (moins de 1 million); les soieries de France; les bougies et les savons d'Angleterre.

Voici les statistiques résumant l'activité commerciale de Mogador pendant les six dernières années, celles de 1905 et 1906 étant fournies par le contrôle français des douanes :

	1901	1902	1903
Exportation	7 528 000	7 707 000	7 150 000
Importation	7 826 000	6 823 000	8 025 000
Totaux	15 354 000	14 530 000	12 175 000

	1904	1905	1906
Exportation	6 439 000	5 705 000	6 505 000
Importation	7 068 000	7 027 000	6 670 000
Totaux	13 507 000	12 732 000	13 507 000

(Sans le cabotage.)

Nous avons déjà expliqué pourquoi les chiffres français du contrôle des douanes sont certainement un minimum au-dessous de la réalité. Ajoutons que ces statistiques ne semblent pas tenir compte du mouvement commercial non taxé, vers les autres ports marocains. M. Boulle, conseiller du commerce extérieur à Mogador, publie chaque année des statistiques très étudiées qui donnent des chiffres toujours un peu supérieurs et concordant davantage avec ceux fournis par le consulat anglais. Par exemple, M. Boulle estime la valeur des exportations à 8 901 000 francs en 1904, et à 8 841 000 francs en 1905.

D'après les rapports consulaires anglais, le trafic de Mogador aurait atteint 18,3 millions en 1906; soit 9,1 pour les exportations et 9,2 pour les importations. Le commerce français aurait gagné le premier rang (1,4 million à l'exportation, 4 millions à l'importation), dépassant un peu les transactions avec l'Angleterre, qui jusqu'ici étaient prépondérantes (1,6 à l'exportation, 3,7 millions à l'importation). De même le commerce allemand semble avoir un peu baissé sur les chiffres de l'année précédente (2,6 millions à l'exportation, 0,3 à l'importation). Ensuite viennent les États-Unis, avec 1,8 pour l'exportation de peaux de chèvres; l'Italie, avec 0,7 million au total; l'Espagne 0,2 au total.

2° Safi. — Le port de Safi est le débouché immédiat de la province des Abda, qui présente des terres bien cultivées, fertiles, produisant le blé dur en abondance. La zone d'attraction de ce port comprend également une partie des territoires des Doukkala, des Chiadma, des Ahmar et des Rehamna, la puissante tribu au Nord de Marrakech. Safi possède d'ailleurs la route la plus courte entre Marrakech et l'Océan, un peu au Nord du fleuve Tensift (environ 150 km., soit 32 heures de marche). Mais la plus grande partie du transit de Marrakech à la mer passe actuellement par Mazagan, qui est le port d'aboutissement préféré des caravanes, à cause des difficultés du débarquement des marchandises dans le port de Safi. Il existe en effet dans ce dernier port une petite barre, creusée par les remous et le ressac du flot sur les rochers avant d'atteindre la plage de sable. Les barcasses, adaptées aux conditions locales, sont d'un type très petit, effilé et pointu aux deux extrémités, ce qui rend les débarquement laborieux, et la barre est le plus souvent infranchissable pendant les mois d'hivernage. Depuis bien des années les agents de navigation de Safi ont réclamé la création d'un wharf permettant de dépasser la barre, et d'effectuer plus facilement les opérations d'acconage, même lorsque la barre deviendrait mauvaise. Le Makhzen a enfin accordé la concession de ce wharf à une compagnie française, la Compagnie Marocaine, qui a fait transporter sur place les premiers matériaux; les travaux seraient commencés, si les événements importants survenus à Casablanca et à Marrakech en août 1907 n'avaient forcé à attendre d'abord le rétablissement du calme dans le Sud marocain.

Dans l'état présent, le trafic de Safi classe ce port parmi les moindres de la côte atlantique du Maroc. La moyenne du chiffre d'affaires dans les dernières années est de 7 millions, soit à peine la moitié des chiffres atteints par les ports voisins, Mogador et Mazagan. Cependant le commerce a une tendance marquée à progresser. Le jour où le wharf permettra enfin des communications régulières entre la terre et les navires sur rade, il est à prévoir que les choses changeront et que Safi prendra nettement l'avance sur les ports voisins en devenant le débouché de Marrakech.

La rade de Safi, abritée contre les vents du Nord, largement ouverte à ceux de l'Ouest et du Sud-Ouest, n'offre pas un mouillage plus mauvais que ceux de Mogador et de la plupart des rades marocaines. Elle offre de grands fonds, de 15 à 30 mètres, à courte distance de la terre; la tenue des ancres y est meilleure qu'à Mazagan et à Casablanca. La disposition des fonds permettrait d'y créer un grand port à l'aide d'une jetée courant parallèlement à la côte et à petite distance. Mais le trafic actuel ne permet pas de faire un tel effort financier; il s'agit d'abord de vaincre, au moyen d'un simple wharf, l'obstacle causé par la barre. Si le succès couronne cette entreprise, les travaux d'un port véritable pourront être amorcés.

La sécurité de la route entre Safi et Marrakech est assurée par le puissant caïd des Abda, Si Aïssa ben Omar, dont la qasba s'élève à quelque 25 kilomètres de la ville. Un de ses parents gouverne en son nom à Safi. Il étend sa main de fer sur toute la tribu des Abda, sur les Chiadma et les Ahmar situés au Nord du Tensift; et son influence rayonne sur une partie des Doukkala. Ce caïd, âgé d'une cinquantaine d'années, est une des plus curieuses figures du Maroc contemporain, où il passe pour être un des grands seigneurs les plus puissants après le sultan. La qasba, pleine de ses clients et subordonnés, de ses soldats, de ses vassaux, de ses esclaves et serviteurs, rappelle les châteaux forts des grands féodaux du moyen âge. Le pays des Abda nourrit les meilleurs chevaux du Maroc, et le caïd peut aisément appeler à sa suite 3 000 cavaliers, et davantage en cas de troubles. Le caïd Si Aïssa passait jusqu'à ces derniers temps pour un des plus fermes soutiens du Makhzen de Fez, qui cependant lui infligea jadis quelque temps d'emprisonnement[1]. Sa province est gouvernée durement, d'une façon tout à fait despotique. Quoiqu'il affecte de bien traiter les Européens, nous croyons que Si Aïssa n'est pas ouvert au progrès, et qu'il garde au fond de son âme toutes les défiances, les ignorances, la bru-

1. Si Aïssa serait devenu, en septembre 1907, ministre des Affaires étrangères de Moulaye Hafid.

talité fruste, et l'étroitesse d'esprit qui caractérisent le parti du vieux Makhzen.

Le gouvernement de Si Aïssa nous amène à dire quelques mots sur les autres grands caïds qui jouent un rôle prépondérant dans le Houz de Marrakech, et qui constituent depuis quelques années la seule autorité réelle dans cette région, à mesure que s'affaiblit l'influence du débile Abd el Aziz trop longtemps immobile dans Fez, la lointaine capitale du Nord.

Moulaye Hassan, le défunt sultan, toujours à la tête de ses armées, guerroyait contre les tribus insoumises du Nord au Sud de son Empire, levant les impôts par la force, transportant sa résidence tour à tour de Fez à Rabat et à Marrakech, se faisant respecter et obéir par la puissance des armes, comme tout vrai sultan du Maroc. Depuis le règne du faible Abd el Aziz l'anarchie s'est librement multipliée dans les tribus autrefois soumises et loyalistes. Dans le Houz de Marrakech, c'est-à-dire dans le pays situé au Sud de l'Oum-er-Rebia, cinq grands caïds sont devenus en fait presque indépendants, en arrondissant leurs fiefs des tribus avoisinantes. Ce sont : le caïd El Glaoui, dont la qasba est dans les défilés de l'Atlas, au Sud-Est de Marrakech; le caïd El Mtouggi, entre Marrakech et Mogador; le caïd El Goundafi, dont la qasba commande les défilés de l'Atlas au Sud de Marrakech, vers le Sous; enfin Si Aïssa ben Omar, caïd des Abda, dans l'hinterland de Safi, et Si Ahmed Ould Anflous, caïd des Haha, dans l'hinterland de Mogador. Dans la ville de Marrakech, soumise à l'influence des tribus Rehamna et aux compétitions de ces grands caïds, le khalifa du sultan, Moulaye Hafid, résidait depuis quelques années sans avoir les moyens de gouverner réellement le pays. Les véritables maîtres des environs de Marrakech sont les caïds du Glaoui et du Mtouggi qui, alliés ensemble, ont étendu leurs territoires vers l'Ouest et vers l'Est jusqu'à se joindre sur les rives de l'oued Nfis, affluent du Tensift, en refoulant le caïd du Goundafi vers le Sud. Ce sont les influences des caïds du Glaoui et du Mtouggi, réunies à celles assez obscures des Rehamna, qui semblent avoir créé le mouvement séparatiste d'août 1907, et porté Moulaye Hafid sur le trône de Marrakech. Nous avons ainsi en fait, dans la seconde moitié de 1907, une résurrection des antiques royaumes musulmans de Fez et de Marrakech. Tout

MAZAGAN. — LE PORT DES BARCASSES A MARÉE HAUTE.

Phototypes A.-H. Dyé.

SAFI. — UNE BARCASSE ATTERRISSANT SUR LA PLAGE.

l'effort du sultan Abd el Aziz va tendre d'abord à rallier à sa cause les grands caïds tels que Anflous, le Goundafi et sans doute Si Aïssa ben Omar, dont le voyage récent à Marrakech a causé beaucoup de surprise[1].

Après cette digression sur la situation politique du Houz de Marrakech, revenons à la description de Safi.

En arrivant par mer, l'aspect de la ville est très pittoresque. Au-dessus d'une plage de sable, qu'encadrent à droite et à gauche de hautes falaises de roches grises, la ville dresse ses murailles crénelées, son fouillis de terrasses blanches, dominé par les tourelles et les remparts altiers d'un château fort en ruine datant des Portugais. Dans l'intérieur, des collines s'élèvent couvertes de cultures. Vers le Sud, en dehors de l'enceinte des murailles, sont bâtis des magasins, des entrepôts autour de la grande place du marché; ce quartier, très animé dans la journée, est appelé le rabat. A quelques kilomètres au Nord de la ville, sur le plateau couronnant les falaises abruptes du cap Safi, les Européens ont bâti çà et là quelques maisons de campagne, où ils vivent en pleine sécurité grâce au caïd Si Aïssa.

La population de Safi se compose d'environ 10 000 habitants, sur lesquels il y a 2 000 Israélites et quelques dizaines d'Européens. La France et l'Espagne sont représentées à Safi par des consuls de carrière, les autres puissances par des agents consulaires. Comme agents français citons le contrôle des douanes et le médecin du dispensaire.

Les principales maisons de commerce sont : pour la France, l'agence de la Compagnie marocaine (M. André), MM. Morin, Israël Lallouz, l'agence de la Compagnie Paquet, etc.; pour l'Angleterre, les maisons Butler et Co., Andrews et Co., Lamb brothers et Co., Carrara, J. Russi, etc.; pour l'Allemagne, Weis et Maur, Richter, Schrader; pour l'Italie, Lumbroso.

1. La situation et les luttes d'influence des grands caïds du Sud marocain sont très bien décrites dans les publications de M. Edmond Doutté, chargé de mission à Marrakech. (*Revue de Paris*, 1er et 15 octobre 1907.) On sait que l'entrée de Moulaye Hafid à Fez, en juin 1908, sa proclamation dans toutes les villes marocaines, ont été suivies en août de la déroute et de la chute d'Abd el Aziz sur la route de Marrakech. D'où il résulte que les cinq grands caïds du Sud marocain restent en fait à peu près indépendants. (*Note de décembre 1908.*)

Le mouvement des navires sur la rade de Safi est résumé dans le tableau suivant :

1901	116	1904	133
1902	112	1905	170
1903	124	1906	173

Pendant l'année 1906, voici la répartition des différents pavillons : 56 navires anglais (48 000 tx.); 46 français (46 000 tx.); 37 allemands (32 000 tx.); 9 espagnols (5 000 tx.); 7 italiens (4 000 tx.); 6 norvégiens (2 000 tx.), etc.

Les denrées d'exportation sont à très peu près les mêmes que dans le port de Casablanca; la province des Abda étant une terre à céréales et à élevage comme celle de Chaouyya. On exporte aussi des amandes, mais en quantité moindre qu'à Mogador.

Citons parmi les articles d'exportation : les peaux de moutons et les peaux de bœufs, allant en Allemagne, en France, en Italie et en Angleterre (valeur plus d'un million); les céréales, orge, maïs, blé, allant surtout en Angleterre (valeur moins d'un million); les laines lavées et les laines en suint, dirigées sur l'Allemagne et la France (valeur 0,6 million); les amandes, pour l'Allemagne et l'Angleterre (valeur 0,3 million); les peaux et les poils de chèvre, pour l'Allemagne et la France (valeur 0,3 million); les fèves, pour l'Angleterre (0,3 million); les pois chiches, le cumin, les œufs.

A l'importation, l'Angleterre a toujours tenu la tête, avec ses tissus, le thé et la bougie, suivie de près ces derniers temps par la France pour les semoules et les sucres, et par la Belgique pour les sucres qui ont beaucoup concurrencé ceux de nos raffineries.

La valeur moyenne des articles d'importation est : pour les cotonnades et tissus, provenant presque tous de Manchester, 1 million 1; pour les sucres, expédiés en quantités presque égales par la France et la Belgique, 2 millions; pour la semoule provenant de France, 0,4 million; pour le thé, fourni par l'Angleterre, 0,5 million; puis le riz, les bougies, etc.

Voici les statistiques qui résument l'activité du commerce extérieur de Safi, les chiffres des trois dernières années étant ceux du contrôle français des douanes :

	1901	1902	1903
	—	—	—
Exportation	2 378 000	3 003 000	3 425 000
Importation	2 108 000	2 997 000	3 525 000
Totaux	4 386 000	6 000 000	6 950 000
	1904	**1905**	**1906**
	—	—	—
Exportation	3 519 000	2 932 000	3 031 000
Importation	3 472 000	3 503 000	4 754 000
Totaux	6 991 000	6 435 000	7 785 000

Comme nous l'avons observé plus haut pour les autres ports, et pour des raisons identiques, le chiffre d'affaires total fourni par les agents consulaires anglais est de beaucoup supérieur à ceux donnés par la délégation des porteurs de titres de l'emprunt français. Voici les renseignements, provenant des négociants de la place, publiés par le *Foreign Office* et par le consulat français (voir le *Moniteur officiel du Commerce*, Paris, 13 juin 1907) :

1901	4 487 000	1904	11 401 000
1902	6 928 000	1905	9 471 000
1903	6 956 000	1906	12 900 000

D'après les informations anglaises, le chiffre d'affaires si élevé de 1906 se décomposerait en 4,2 millions à l'exportation, et 8,7 millions à l'importation. L'importance du commerce français aurait doublé pendant la dernière année; nous tiendrions pour 1906 le premier rang pour l'ensemble des transactions, soit 1,4 pour les exportations et 2,7 pour les importations (total : 4,1 millions). La seconde place reviendrait à l'Angleterre, avec 1 million à l'exportation et 2,4 à l'importation. La troisième à l'Allemagne, avec 1,2 millions à l'exportation et 0,6 million à l'importation. Le quatrième rang est tenu par la Belgique, avec 1,6 à l'importation.

Il n'est pas douteux que le commerce général du port de Safi suive une progression bien marquée pendant les dernières années. L'accroissement du trafic est surtout sensible pour la France, tandis que l'Angleterre semble décroître et que l'Allemagne et la Belgique maintiennent leurs positions.

3° Mazagan. — Ce port, situé à 16 kilomètres au Sud de l'embouchure de l'Oum-er-Rebia, présente beaucoup d'analogies avec Casablanca, et comme situation nautique, et comme productions des régions voisines.

Mazagan est le débouché naturel des territoires des Doukkala et d'une partie des Rehamna. Ces grandes tribus sont situées au Sud du fleuve Oum-er-Rebia, qui a un débit très notable, mais qui est innavigable à cause de la vitesse du courant, de la pente trop grande et des seuils créant de nombreux gués. Pendant les précédentes années, Mazagan a été le port de chargement préféré par les caravanes vers la région de Marrakech, ce qui lui a valu parfois une réelle prospérité commerciale. Aujourd'hui, le transit vers Marrakech lui semble disputé par Safi, port qui sera avantagé après les travaux du wharf projeté.

Mazagan bénéficie du commerce de transit pour la ville maritime d'Azemmour, situé près de l'embouchure de l'Oum-er-Rebia; la barre de ce fleuve est très mauvaise et pratiquement infranchissable pour des chalands pendant la plus grande partie de l'année, d'où l'utilité pour les commerçants d'opérer les débarquements à Mazagan, où le port est presque toujours praticable.

Quoi qu'il advienne dans la suite du transit vers Marrakech, Mazagan conservera toujours une importance très notable comme débouché de la fertile province des Doukkala. Il y a là, dans l'intérieur du pays, des terres à céréales comparables à celles des Chaouyya et des prairies propices à l'élevage[1].

Le Maroc est un bloc informe, massif, tout à fait dénué de voies de communication naturelles. Chaque province, ou chaque tranche du pays, peut être comparée au tiroir d'une commode ou d'un meuble analogue, prenant ouverture sur la mer. A chacun de ces tiroirs ou de ces tranches de pays, il faut un port sur l'océan Atlantique, ou sur la Méditerranée, pour communiquer avec l'extérieur. C'est ainsi que le défaut de grandes voies de communication à l'intérieur a créé la multiplication des ports le long des rivages, chacun drainant les régions d'hinterland perpendiculaires à la côte. Même si des travaux plus importants sont réalisés à Casablanca et à Safi, le port de Mazagan sera toujours fréquenté dans l'avenir, par suite de la formation et de

1. Voir à ce sujet le beau livre du très consciencieux Ed. Doutté: *Merrâkech*, tome I, Gouvernement général de l'Algérie, 1905.

la configuration géographiques du Maroc. Pour des raisons identiques, et malgré leurs barres détestables, les ports de Rabat et de Larache, situés plus au Nord entre les ports beaucoup plus favorisés de Tanger et de Casablanca, ont néanmoins un chiffre d'affaires assez considérable; les pertes causées par les barres sont encore moins sensibles que les frais du transport, par caravanes de chameaux, de Tanger vers Larache d'une part, et de Casablanca vers Rabat d'autre part.

La rade de Mazagan présente une orientation identique à celle de Casablanca, c'est-à-dire que le mouillage des navires est un peu abrité par un promontoire rocheux contre les vents de Sud-Ouest, mais largement ouvert à la houle et aux vents de Nord-Ouest et de Nord. La tenue des ancres est mauvaise comme à Casablanca, le fond était de nature rocheuse, à peine recouvert de sable superficiel. Dans l'état actuel, la rade de Mazagan est redoutée par les capitaines des navires de commerce, à cause du voisinage de l'épi d'Azemmour et d'une ceinture de roches sous-marines entourant la rade, et sur laquelle la mer brise durement pendant les coups de vent d'hiver; pendant la mauvaise saison, les navires sur rade doivent toujours être prêts à prendre le large, précaution qui est aussi nécessaire pour tous les autres ports du Maroc. La question des roches sous-marines, aux abords de Mazagan, et de la passe praticable qu'elles présentent, a été complètement élucidée par les sondages effectués en 1905 par ma mission hydrographique.

Si, dans l'avenir, le chiffre d'affaires de Mazagan venait à justifier la création d'un port très important, la ceinture des roches sous-marines, au large de la rade, fournirait pour les digues et jetées un soubassement naturel des plus favorables. Pour des travaux de moindre envergure, la rade offre des conditions nautiques identiques à celles de Casablanca.

Pendant la belle saison, c'est-à-dire au printemps et en été, le mouillage de Mazagan présente d'excellentes conditions pour les débarquements. Il faut reconnaître d'ailleurs que la nature a admirablement réglé le régime des vents, pendant la belle saison, sur la côte du Maroc. Il existe à cette époque des vents violents de Nord et de Nord-Est sur toute la partie de la côte située au Sud du cap Cantin, soufflant par conséquent sur les rades de Safi, Mogador et Agadir, qui sont protégés par leur configuration naturelle contre les vents de la partie Nord. Et, d'autre part, les rades de Mazagan, Casablanca, etc., qui sont largement ouvertes vers le Nord, se trouvent précisément en dehors de la zone de ces vents, qui est limitée vers le Nord aux parages du cap Cantin. Mais pendant la période d'hivernage, qui dure de mi-octobre à mi-avril, toutes les rades marocaines de l'Atlantique sans exception, depuis Larache jusqu'à Agadir, sont exposées aux tempêtes soufflant de la partie Ouest.

Les opérations d'acconage s'effectuent à Mazagan à l'aide d'une dizaine de barcasses d'un type identique à celui de Casablanca. Elles sont possibles à peu près toute l'année, sauf pendant quelques journées exceptionnelles à chaque hivernage. A marée haute, les opérations de déchargement sont facilitées par un petit port et des quais construits le long de l'enceinte fortifiée de la ville, qui date de l'occupation par les Portugais. Il y a dans ce petit port un remorqueur à vapeur généralement inutilisé, et qui se trouve à sec quand la mer baisse. Car ce petit port assèche à chaque marée basse, et les opérations d'acconage deviennent alors impraticables. On voit combien il serait urgent de prolonger ce bassin minuscule par une petite jetée, qui permettrait aux barcasses et aux remorqueurs d'accoster à toute heure de marée. Ce sont là des travaux minimes, analogues à ceux projetés pour le port de Mogador, et qui cependant permettraient de gagner près de 50 p. 100 sur les délais de chargement des navires.

La ville de Mazagan a été reconstruite par les Portugais en l'an 1506, sur l'emplacement du *Portus Rutubis* des Romains. Lorsque les musulmans firent la conquête de la ville, en 1769, ils lui donnèrent le nom de Jedida (la nouvelle), sous lequel elle est universellement connue au Maroc. Les remparts bien conservés qui enserrent étroitement la cité, une immense citerne intérieure, un vieux château fort comme il en existe à Safi, des postes de garde en maçonnerie dans les environs, les écussons surmontant la porte unique de l'enceinte, tout rappelle ici le souvenir de l'occupation de la côte marocaine par les Portugais.

Mais les murailles renferment une surface très restreinte, qui n'est guère habitée aujourd'hui que par les israélites. Un quartier considérable s'est développé *extra muros*, vers le Sud, peuplé par les musulmans et les Européens. C'est là que se tiennent les marchés, très animés par l'afflux des indigènes Doukkala.

Mazagan est le port de la côte marocaine où les constructions *extra muros* se sont le plus développées. Il y eut là pendant les dernières années une véritable fièvre de construction, qui a fait surgir ces faubourgs importants constitués par les villas des Européens, des magasins, des maisons arabes, et par les huttes en chaume de nombreux Berbères attirés par la prospérité de la ville.

La population de Mazagan est d'environ 12 000 habitants, dont un quart Israélites, et 300 à 400 Européens. La colonie européenne est donc la plus importante de la côte, après celle de Casablanca. A côté des Espagnols, une mention spéciale est due à la colonie gibraltarienne, groupée autour du pavillon de l'Angleterre, et qui est une des plus nombreuses. Gibraltar a constitué pour les Anglais un centre de rayonnement et d'influence au Maroc, d'où est résultée l'importance du commerce britannique et la prépondérance politique qui existait pendant les premières années du règne d'Abd el Aziz. Des colonies gibraltariennes ont essaimé dans tous les ports du Maroc, et plus particulièrement à Mazagan. Par contre, plusieurs négociants marocains se sont établis à Gibraltar, seule ville d'Europe où il existe une sorte d'agent consulaire du Makhzen chérifien.

Le corps consulaire comporte des consuls de carrière pour l'Espagne et pour la France, dont le représentant a succédé à la famille Brudo qui s'est dévouée pendant tant d'années pour notre influence nationale, et des agents consulaires pour les autres puissances. Citons à l'actif de la France le contrôleur des douanes et le médecin du dispensaire officiel. Une poste française active existe ici, comme dans tous les autres ports, mais annexée toujours au consulat; il serait avantageux de faire administrer cette poste par des agents de carrière, réforme qui a déjà été réalisée par les Allemands à Casablanca et à Mazagan.

Parmi les maisons de commerce les plus notables il faut citer, pour la France : l'agence de la Compagnie Paquet, l'agence de la Compagnie Marocaine, MM. Brudo et Cie, Bonnet et Cie, Lescoul, etc.; pour l'Angleterre les maisons Spinney et Co, Hayton et Broome, Ch. Balestrino, Netto, de Maria, Ansado, Laredo, Cayrasso, Carrara, etc. (la plupart d'origine gibraltarienne); pour l'Espagne, MM. Sintès, Bourras et Co, Ruiz, Butler, Meir Cohen, Znaty, Pujol y Mool, etc.; pour l'Italie, MM. Morteo et figlio; pour l'Allemagne, les maisons Hedrich, Carl Ficke, Brandt et Toel, Dannenberg.

Il n'y a pas au voisinage de Mazagan de grand caïdat; les tribus Doukkala vivent actuellement dans l'anarchie, et l'insécurité des routes pendant les dernières années a défavorisé le commerce de transit avec Marrakech, dont les environs sont agités de leur côté par les Rehamna.

Le mouvement des entrées et des sorties de navires sur la rade de Mazagan est résumé, pour les dernières années, par le tableau suivant :

1902	1905	1906
304 navires	327 navires (224 203 tx.)	315 navires (228 000 tx.)

Pendant l'année 1906, la répartition du tonnage par pavillon est la suivante : pour la France 77 navires et 76 000 tonnes; pour l'Angleterre, 93 navires et 59 000 tonnes; pour l'Allemagne, 50 navires et 44 000 tonnes; pour l'Espagne, 63 navires et 34 000 tonnes; pour l'Italie, 19 navires et 13 000 tonnes. On constate que le port de Mazagan est presque aussi bien desservi que celui de Casablanca.

Les denrées d'exportation à Mazagan sont à peu près les mêmes que dans le port de Safi, sauf le grand développement du commerce des amandes, venant de la région de Marrakech et des contreforts de l'Atlas, et celui du commerce des œufs.

Citons parmi les principaux articles d'exportation : les amandes, qui vont principalement en Allemagne (valeur 1 à 2 millions, suivant la récolte); les œufs, qui vont surtout en Angleterre, et par cabotage à Tanger (valeur atteignant parfois 2 millions; expéditions en 1906 : 6 120 caisses de 1 440 œufs pour l'Europe, et 5 570 caisses de 2 000 œufs pour Tanger); les pois chiches à destination exclusivement de l'Espagne (valeur 0,5 à 1 million, mauvaise récolte en 1906); les fèves à destination surtout de l'Angleterre (valeur parfois 1 million, récolte insignifiante en 1906); les laines en suint et les laines lavées, provenant des Rehamna et de l'intérieur des Doukkala; enfin les alpistes, le cumin, la graine de lin. La récolte de 1906 a été mauvaise, et la production inférieure à celle des années précédentes.

Le commerce d'importation présente une allure analogue à celui des autres ports déjà étudiés. La valeur des principaux articles d'importation se chiffre comme il suit : les tissus de coton, provenant de Manchester, variant de 3 à 5 ou 6 millions (chiffres atteints en 1901 ou 1902); les sucres raffinés provenant de France (de Marseille, de Chantenay-sur-Loire ou de l'Eure), pour 0,6 million, et de Belgique pour 0,3 million; le thé venant surtout d'Angleterre, avec concurrence allemande, pour moins de 1 million; les semoules et farines provenant de Marseille; le riz envoyé surtout par l'Allemagne; les bougies en paraffine, d'Angleterre (et une petite quantité de France, en stéarine); les draps d'Allemagne et d'Autriche, les soieries de France; les essences et les épices; la quincaillerie provenant de tous pays; le pétrole d'origine américaine, arrivant par la voie de Gibraltar ou des Canaries, etc.

L'activité commerciale de Mazagan, pendant les six dernières années, est résumée par le tableau ci-dessous :

	1901	1902	1903
Exportation	5 601 000	7 426 000	7 375 000
Importation	8 693 000	9 850 000	8 125 000
Totaux	14 294 000	17 276 000	15 500 000

	1904	1905	1906
Exportation	7 129 000	4 061 000	5 649 000
Importation	7 993 000	5 572 000	5 260 000
Totaux	15 122 000	9 633 000	10 909 000
		(Sans le cabotage.)	

Les chiffres des deux dernières années sont ceux fournis par le contrôle français des douanes (auxquels nous avons ajouté, pour l'année 1906, la valeur du cabotage vers les autres ports du Maroc, soit : 3 344 000 francs à l'exportation et 478 000 francs à l'importation).

Les renseignements consulaires français (*Moniteur officiel du Commerce*, Paris) donnent des chiffres d'affaires très supérieurs, se rapprochant de ceux publiés par les consulats anglais. Ces documents font entrer probablement dans le total les mouvements de numéraire, dont l'importation a atteint près de 1 million en 1906.

D'après la publication du Foreign Office anglais, le trafic total de Mazagan aurait atteint, en 1906, la valeur de 14,2 millions, soit 6,2 millions à l'exportation et 8 millions à l'importation. Le commerce de l'Angleterre, quoique toujours très prépondérant (46 p. 100 de l'ensemble), a diminué sur l'année précédente, le commerce des œufs étant tombé de 2,3 millions en 1905 à 1,1 million. La part de la France a au contraire beaucoup progressé (34 p. 100) par suite de l'importation plus forte des sucres, semoules et farines. Le commerce avec l'Allemagne a subi un recul sensible (11 p. 100 au lieu de 15 p. 100) par suite de l'abaissement de ses exportations.

Quels que soient les travaux accomplis dans les ports voisins, nous croyons Mazagan toujours assuré d'un avenir intéressant, lorsque son port aura été doté aussi de l'outillage le plus urgent, lorsque les progrès de la sécurité et de la culture permettront une meilleure production agricole chez les Doukkala, les Rehamna, et dans la vallée de l'Oum-er-Rebia.

4° Les ports non ouverts. — Dans la région que nous étudions, c'est-à-dire dans toute la partie du Maroc située au Sud de la province de Casablanca, il existe un certain nombre de villes maritimes auxquelles toutes relations avec l'Océan sont interdites par le Makhzen. Les débarquements sur le littoral de ces villes, les transactions commerciales avec les navires de haute mer et les caboteurs ne peuvent avoir lieu, comme nous l'avons déjà exposé, que par les huit ports ouverts aux Européens; tout le restant des côtes du Maroc est fermé aux communications avec la mer.

Les rades et les ports non ouverts, dans la région qui nous occupe, sont d'abord : au débouché de Marrakech, Azemmour près de l'embouchure de l'Oum-er-Rebia, Oualidia entre Mazagan et Safi, Soueïra-Guedîma à l'embouchure de l'oued Tensift; puis, au débouché de la province du Sous, Agadir, et enfin, adossés aux sables du Sahara marocain, le mouillage du cap Juby, et quelques baies de dimensions très réduites visitées en l'année 1883 par une commission hispano-marocaine.

Azemmour. — Cette petite ville est située sur la rive gauche du fleuve Oum-er-Rebia, ce puissant cours d'eau qui recueille les nombreuses rivières du Moyen-Atlas, et aussi celles du Haut-Atlas dans la région de Demnat. Sur une longue étendue, l'Oum-er-Rebia sert de limite entre les territoires des Chaouyya au Nord et ceux des Doukkala et des Rehamna au Sud. Mais ce fleuve très sinueux semble n'offrir que des obstacles à la navigation, par la rapidité de son cours torrentueux, par le grand nombre des seuils et des rapides; il est probable que la meilleure utilisation de ses eaux doit être recherchée dans l'irrigation, si elle peut être réalisée sur les plateaux troués par ses berges encaissées et ravinées. A plus de 60 kilomètres en amont de l'embouchure, au mechra (passage) de la qasba Bou l'Aouân, le fleuve peut être passé à gué dans les années de sécheresse exceptionnelle[1]. La barre de l'embouchure est mauvaise, obstruée par les bancs de sable sur lesquels la mer forme des rouleaux déferlant avec violence. Aussi nous croyons tout à fait probable que le commerce maritime d'Azemmour se fera toujours par Mazagan, distant de seulement 16 kilomètres à vol d'oiseau. Même si le Makhzen vient à ouvrir le port aux Européens, le petit cabotage serait seul à bénéficier de cette situation nouvelle.

Les remparts très pittoresques d'Azemmour dominent la large nappe des eaux de l'Oum-er-Rebia, à quelques kilomètres en amont de l'embouchure. Sur les nombreux bacs du fleuve le transit est intense, car les routes venant des riches provinces Chaouyya et des Doukkala sont très fréquentées. C'est le passage du fleuve, à ce carrefour de routes, qui a dû donner naissance à la ville.

Les indigènes la désignent toujours sous le nom de Moulaye-bou-Chaib, le saint patron de la ville dont la zaouïa et le minaret se trouvent au Sud des remparts.

C'est l'antique *Azama* des Romains. Presque toutes les murailles actuelles ont été bâties par les Portugais.

Azemmour renferme environ 10 000 habitants, dont un millier de Juifs cantonnés dans un mellah. Le commerce local des

1. Voir à ce sujet l'ouvrage tout à fait remarquable de M. Ed. Doutté : *Merrâkech* (tome I, publication du Gouvernement général de l'Algérie).

grains est important, et les pêcheries à l'entrée du fleuve sont les plus renommées du Maroc. Pour les relations commerciales avec l'Europe, il semble que cette ville sera toujours tributaire du port de Mazagan.

Oualidia. — Une petite lagune, séparée de la mer par un cordon de dunes, a attiré l'attention sur ce village des Doukkala. situé à peu près à mi-distance entre Mazagan et Safi. Mais la profondeur de cette lagune est tout à fait insuffisante pour les vaisseaux de mer, et la minuscule cuvette d'Oualida n'offre aucun avantage nautique capable de contre-balancer les travaux maritimes mérités par l'importance de Safi et de Mazagan.

Soueïra-Guedîma. — Les indigènes désignent ainsi les ruines d'un vieux château fort portugais, qui se dresse à l'embouchure de l'oued Tensift, sur la rive droite. Il existe là quelques lignes de rochers qui favorisaient autrefois le mouillage et l'accostage des petits voiliers; mais rien qui puisse favoriser soit le mouillage des grands vaisseaux, soit la création d'un port moderne. Le Tensift, qui draine la plaine de Marrakech, est un véritable oued presque à sec pendant l'été. A cette époque il est séparé de la mer par un cordon de sables, ce qui rend le passage tout à fait facile pour les caravanes de chameaux des Abda et des Chiadma, allant vers Safi ou Mogador.

Agadir. — La situation géographique de ce point est complètement différente, et le port fermé d'Agadir, situé à une heure de marche au Nord de l'oued Soûs, est susceptible de prendre un jour une notable importance. Agadir n'est constituée aujourd'hui que par une citadelle couronnant les derniers contreforts du Haut-Atlas et dominant un misérable village de pêcheurs berbères (Founti). Fondé par les Portugais, ce port fut prospère jusqu'au XVIIIe siècle, lorsqu'en 1776 il fut fermé par le sultan au moment de la création de Mogador pour punir les rebelles du Soûs.

Depuis cette époque les caravanes de chameaux des laborieux Soûssi, et toutes celles venant de l'oued Draa et du Sahara marocain, doivent atteindre la mer à Agadir, puis, regardant à peine ses plages frappées d'interdiction, continuer vers le Nord la route pénible et montagneuse qui mène en plusieurs étapes à Mogador. On voit combien cette voie de transit est coûteuse et anormale, tandis qu'il serait si simple de charger sur les vaisseaux de mer grâce aux barcassess d'Agadir! Ce point est le débouché naturel du Soûs et du Sahara marocain, dont le commerce d'exportation et d'importation semble s'élever à 6 ou 8 millions par an. Si toutes les espérances que l'on fonde sur les richesses minières du Soûs et de l'Anti-Atlas sont quelque peu fondées, Agadir peut éventuellement prendre une très notable importance et grandir soudainement à l'exemple des ports du Sud tunisien.

La rade foraine d'Agadir, trop vantée par quelques auteurs, présente cependant des conditions nautiques plutôt favorables. D'une façon générale elle est orientée comme celle de Safi, ouverte aux vents de Sud-Ouest, protégée contre les brises de Nord et d'Est. Les fonds décroissent rapidement et très régulièrement. Si l'on crée un jour de toutes pièces un port artificiel à Agadir (car il n'y existe rien qui puisse faire songer à un port naturel), les travaux maritimes auront beaucoup d'analogie avec ceux qui existeront avant quelques années à Safi.

Telle est exactement la situation d'Agadir : une bourgade misérable dans le présent, mais riche pour l'avenir d'espérances et de possibilités, qui tendront à détourner partiellement les courants commerciaux du port de Mogador.

LE CAP JUBY ET LES RIVAGES SAHARIENS. — Le mouillage du cap Juby est le point extrême du Sahara marocain qui soit occupé par un poste du Makhzen. Il y avait là, il y a environ trente ans, un établissement fondé par des commerçants anglais qui essayèrent sans succès d'y créer une tête de ligne pour le départ des caravanes sahariennes. Ces établissements du cap Juby furent vendus au sultan du Maroc, qui donne l'investiture aux caïds des tribus voisines, et qui ravitaille le poste du Makhzen à l'aide de petits vapeurs affrétés partant de Mogador.

Au point de vue commercial et maritime, tous les rivages de confins sahariens du Maroc, depuis Agadir jusqu'au cap Juby et jusqu'aux possessions espagnoles du Rio de Ouro, ne présentent aucun intérêt. Ce sont des pays pauvres où les productions locales sont à peu près nulles. Le mouvement des caravanes, jadis alimenté surtout par la traite des esclaves, est aujourd'hui tari et coupé dans ses racines : 1° par l'abolition de la traite dans le pays des Noirs, au Sénégal et au Soudan ; 2° par la facilité de ravitaillement de la Mauritanie nigérienne à l'aide des fleuves et des chemins de fer aboutissant à Saint-Louis et à Dakar.

Le Sahara marocain comprend les provinces de l'Ouad Noun et des Tekna, les oasis de l'Ouad Draa et de la Saguiet-el-Hamra. Les baies de la côte furent visitées en 1883 par une commission hispano-marocaine, qui rechercha vainement les ruines de l'ancien port espagnol de Santa-Cruz de Mar Pequena. Deux petites baies sont à signaler, à peine propres au mouillage de très faibles bateaux : ce sont Sidi-Mohamed-ben-Abdallah et l'oued Assaka.

Dans ces dernières années la Saguiet-el-Hamra et le pays de Tarfaya, situés aux environs du cap Juby, sont devenus un foyer d'agitation religieuse et xénophobe sous l'influence du vieux marabout Mâ-el-Aïnin, qui allait chaque année à Fez et à Marrakech pour se ravitailler en armes, en munitions et en argent destinés à combattre les troupes françaises du Sénégal. Tous ces Sahariens, vêtus de guinée bleue et généralement voilés comme les Touaregs, sont désignés par les Marocains sous le nom d' « hommes bleus » ; pour eux, la contrebande de guerre a remplacé la traite des esclaves noirs, et surtout celle des jeunes négresses, qui sont vendues publiquement au Maroc dans les villes où il n'y a pas d'Européens. Les difficultés rencontrées par la France en Mauritanie depuis quelques années, la résistance des Maures dissidents qui a causé l'assassinat de M. Coppolani et les combats sanglants de Tidjikja sont en grande partie le résultat des prédications, des excitations et des apports d'armes effectués par le marabout Mâ-el-Aïnin et le chérif Moulaye Idris.

Aussi est-il devenu nécessaire, au point de vue politique, de surveiller ce qui se passe au cap de Juby. Il est à souhaiter que la France et l'Espagne s'entendent pour y arrêter efficacement la contrebande de guerre vers leurs possessions sahariennes.

G. **Les ports du Maroc septentrional, débouchés de Fez.** — Dans le Maroc septentrional trois fleuves déversent leurs eaux dans l'océan Atlantique : le Sebou, le Loukkos et le Bou-Regreg.

Servant à la fois de débouchés aux vallées de ces fleuves, aux provinces des Djebala et du Gharb, au transit des grandes cités, Fez et Meknés, trois ports ouverts se sont créés sur le rivage de l'Océan : Rabat, Larache et Tanger. Mentionnons aussi l'existence de quelques ports fermés, tels que Méhédiya, Arzila, etc.

1° Rabat-Salé. — Ces deux villes jumelles constituent la plus grande agglomération musulmane de la côte du Maroc, égalant ensemble la population de Tanger « la Chienne », la ville impure livrée aux Chrétiens. Rabat s'élève sur la rive gauche de l'oued Bou-Regreg, juste à l'embouchure, et compterait 25 à 30000 habitants, tandis que Salé (en arabe Sla') est bâtie en face sur la rive droite du fleuve et renfermerait 12 à 15000 habitants. Ce sont deux véritables cités mauresques, ayant conservé intacts leur aspect, leur architecture, leurs mœurs et leur vie de véritables villes du Maroc barbaresque et moyenâgeux. Les vieilles murailles, les remparts crénelés, les minarets, la silhouette dentelée des terrasses, dominant les deux bords du fleuve, forment un ensemble tout à fait pittoresque et plein de couleur locale. D'ailleurs Rabat possède avec Fez et Marrakech le privilège d'être une des trois capitales de l'empire, une des trois résidences chérifiennes, où successivement se transportent le sultan et le makhzen. D'autre part, Salé est, comme Fez et Tétouan, une des villes d'élection, un des berceaux de l'aristocratie et des vieilles familles marocaines ; aucun Européen ne peut y résider, suivant un usage traditionnel qui a acquis force de loi. C'est à peine si à Rabat les Européens ont pu s'installer dans quelques maisons arabes groupées au bord du fleuve, voisines du mellah des Juifs.

Si ces deux vieilles cités de l'Islam, cependant en bordure de la mer, ont su aussi parfaitement résister jusqu'à ce jour à la poussée envahissante des infidèles, quel est donc le puissant et invincible charme protecteur de leur aspect, de leur vie et de leurs traditions immuables depuis tant de siècles? Ce charme protecteur, ce fidèle gardien du passé, c'est la *barre*, c'est l'obstacle redoutable créé par les vagues furieuses accourant de l'Océan à l'assaut des falaises, enveloppant les deux villes et l'oued Bou-Regreg d'une blanche ceinture d'écume et de flots entrechoqués. La barre de Rabat est la plus dure de la côte marocaine; toujours redoutée des navigateurs, elle interdit souvent toute communication entre les navires du large et les deux cités mauresques vivant aussi loin de l'Europe que les villes du Maroc intérieur. Pendant la mauvaise saison la barre peut rester bouchée des semaines entières, parfois plus d'un mois; le commerce local a dû s'habituer à ne plus compter avec le temps, et les quelques rares Européens de Rabat se sont eux-mêmes adaptés mieux que partout ailleurs aux conditions et au tempérament de la vie marocaine. Sous la protection de la barre, ce milieu a été si peu effleuré par les Européens, qu'il semble capable d'islamiser ceux-ci. Aucun infidèle n'est toléré dans la ville de Salé, habitée par de vieilles familles au pur type arabe, par des commerçants importants qui passent la rivière sur les bacs chaque matin et chaque soir pour se rendre à leurs échoppes de Rabat où les affaires se traitent avec les Juifs et les roumis détestés. Mieux encore que les gens de Fez et de Marrakech, les musulmans de Salé ont su garder leur cité de tout contact et de toute souillure avec les nasrànis [1] méprisés.

Au point de vue nautique, la barre est constituée par le déferlement des vagues sur du sable superficiel à de la roche. A l'époque des grandes marées basses, la profondeur sur la barre est presque nulle; elle est ordinairement de 3 mètres à mer haute. Contre ce cordon de roches et de sable, les houles longues de l'Océan viennent dresser leurs volutes furieuses, brisant au sommet par suite du ralentissement des couches inférieures, et souvent une véritable barre de flots mugissants et blanchis d'écume s'élève à 4 ou 5 mètres de hauteur, réunissant les falaises de Rabat à celles de Salé; vu de la terre, le phénomène est saisissant, et cette barrière de vagues soulevées donne l'impression d'une force redoutable. Il est imprudent de chercher à franchir ces volutes avec les canots légers des navires de guerre ou de commerce. Il faut recourir à de grandes embarcations spécialement adaptées aux conditions de cette barre, c'est-à-dire longues, pointues aux deux bouts, s'élevant au moins à 2 mètres au-dessus du niveau de la flottaison. Le type des barcasses du pays est excellent; il ne leur manque que la vitesse. Quand la barre est belle, ces barcasses la franchissent lentement

1. « Nasrâni », mot arabe qui signifie chrétien (nazaréen).

MOGADOR — TRANSPORT DES MARCHANDISES A MARÉE BASSE.

Phototypes A.-H. Dyé.

AGADIR. — UNE BARQUE DE PÊCHE.

R.F.

et en se tenant debout à la lame, et elles reçoivent les chocs furieux d'une trentaine de lames déferlant sur l'avant ou sur l'arrière sans qu'il entre trop d'eau à bord, à cause de la hauteur et des formes des œuvres mortes. Armées par vingt rameurs manœuvrant avec peine de lourds avirons, les barcasses de Rabat rappellent à s'y méprendre les galères antiques des premiers navigateurs. Chaque voyage des barcasses constitue un spectacle toujours émouvant et d'un archaïsme tout particulier. Au milieu des cris et des adjurations impérieuses du raïs (capitaine de la galère), les vingt rameurs tendent les avirons de toute la force de leurs bras et de leurs corps, en invoquant, d'une mélopée monotone, les saints innombrables de l'Islam. Voici l'embarcation qui s'engage au milieu des volutes dangereuses, dans l'écume, dans les paquets de mer, sous les chocs durs qui font rebondir la coque comme un fétu de paille. C'est un moment impressionnant; la barcasse doit supporter debout, dans le sens de la longueur, l'assaut des vagues en furie; si elle se laissait rouler en travers, elle emplirait fatalement, chavirerait, noyant, sans aucun espoir de secours, tous ceux qui la montent. Les accidents sont nombreux, malgré la prudence des raïs, qui n'osent affronter la barre dès que les volutes dépassent la hauteur fixée par leur expérience locale.

Mais une fois la barre franchie le spectacle est superbe. De hautes falaises rocheuses, couronnées par des murailles à pic, s'ouvrent tout à coup à droite, laissant apparaître les murailles dentelées, les terrasses blanches, les maisons bleues et roses de Rabat, tandis que, par delà le miroir argenté du fleuve, les murailles et les minarets de Salé profilent leurs créneaux et leurs tourelles. Çà et là des arbres, des poussées de verdure, des lianes et des ronces trouent de leurs taches sombres les murailles grises qui dominent à droite le chenal, grimpant parmi des ruines tragiques jusqu'à la qasba des Oudaïa. Plus loin, les maisons mauresques, pressées au bord des eaux claires, resplendissent comme un bloc de marbre étincelant de blancheur. Et, dans le fond, s'agrandit démesurément la silhouette altière de la tour Hassan, campée sur les collines couvertes de vignobles et de vergers qui vont s'estompant dans les méandres de la rivière.

Pendant le milieu du jour, la ville de Rabat présente une

animation extraordinaire, toutes les rues étant parcourues par les crieurs publics de chacune des corporations. Les souks ou marchés les plus célèbres sont ceux des tapis et des savates de cuir. Devant les boutiques où somnolent, accroupis, les commerçants maures, une foule grouillante circule dans les blanches djellaba. Les citadins au fin caftan de soie, au visage et aux mains d'une pâleur diaphane, coudoient les frustes campagnards Zaer et Zemmour, les hardis coupeurs de route au visage tanné et couturé de rides, aux longs cheveux noirs incultes et aux nouâders sauvages (larges mèches de cheveux rabattues en avant sur les joues). Il n'est guère de jour où les pillards Zaer et Zemmour n'échangent des coups de fusil avec les postes du Makhzen gardant les portes et les murailles vers l'intérieur. Et, plus d'une fois, les têtes coupées de rebelles se sont égrenées en guirlandes, pendues à des clous au-dessus des poternes de l'enceinte. La lutte est perpétuelle entre les caïds des deux villes et les tribus toujours insoumises qui bordent l'oued Bou-Regreg. Ni un Européen, ni un Maure citadin ne pourrait s'aventurer hors de portée de fusil des murailles vers l'Ouest sans une forte escorte armée; il serait certainement enlevé par les bandes de maraudeurs de la campagne, tous munis de fusils winchester à répétition, et emmené de bonne prise comme otage vis-à-vis du caïd, sinon supprimé.

Les maisons de Rabat sont toutes construites dans le style arabe, avec une cour intérieure ou un patio vitré, des murs blanchis à la chaux, des terrasses. Des murailles successives enceignent des jardins, des vignobles, des vergers d'orangers et de citronniers, des champs de blé. Deux aqueducs vont chercher l'eau à plus de 20 kilomètres au Sud de la ville, au delà de la qasba Temâra; ils alimentent de nombreuses fontaines disséminées dans les ruelles étroites. A Salé se trouve également un aqueduc fort bien construit.

Dans l'angle Sud des murailles extérieures de Rabat, un vaste enclos porte le nom de Dar-el-Makhzen. Là se trouvent les bâtiments, les maisons, la mosquée qui constituent ce qui peut être appelé le palais du sultan. Les tentes des mahallas chérifiennes se dressent alentour, donnant une vie intense à ces terre-pleins, vides en temps ordinaire. Au bord de la mer, on remarque également une résidence du sultan, les Kebibat, voisine d'un étrange fortin moderne bâti par l'ingénieur allemand Rothenburg. Il est superflu de dire que ce fortin, qui porte deux canons entièrement exposés à tous les feux du large, n'a servi qu'à grever de plusieurs millions les finances du Makhzen, sans offrir la plus faible capacité de résistance au premier vaisseau de guerre qui voudrait l'anéantir.

La ville de Rabat renferme quelques vieilles familles makhzen, c'est-à-dire vouées par hérédité aux emplois divers du gouvernement auprès du sultan. Plusieurs de ces familles conservent dans des coffrets les clés des maisons possédées jadis par leurs ancêtres à Séville et à Grenade, avant que le roi Boabdil ne fût vaincu et expulsé d'Espagne par Isabelle la Catholique. Ces familles de riches Marocains font songer aux citadins maures de la ville de Tunis; elles sont devenues impropres au métier des armes et semblent quelque peu raffinées, amollies par le luxe relatif de la ville, par leur vie sédentaire, si différente de la rude et fruste existence des bédouins (gens de la campagne), sous les tentes ouvertes à tous les vents du ciel.

Il n'est pas sans intérêt de noter qu'il existe à Rabat quelques indigènes musulmans en relations assez courtoises avec les Européens, et un certain nombre de jeunes Marocains qui ont été envoyés pour s'instruire en Italie, sous le règne du précédent sultan Moulaye Hassan. Ces jeunes gens se sont remarquablement assimilé les éléments de la science et de la civilisation européennes, et ce séjour de plusieurs années en Italie les a convaincus de la supériorité de nos machines, de nos progrès matériels, de nos armes, de nos arts... Ce fait montre les résultats rapides et excellents qui seront obtenus dès que beaucoup de jeunes Marocains pourront recevoir l'éducation moderne; je crois que leur évolution vers la civilisation sera alors beaucoup plus rapide que celle des Algériens, sans doute à cause de la prépondérance énorme du sang berbère dans la formation des groupements ethniques du Maroc. Dans l'état actuel de barbarie et d'insécurité générale, d'anarchie entre les tribus, il est encourageant de constater que le travail rudimentaire et le commerce des indigènes marocains permet d'alimenter un mouvement commercial avec l'extérieur qui dépasse 100 millions.

Au point de vue industriel, Rabat est également, comme pour les aspects pittoresques, la ville la plus curieuse de la côte marocaine. Ses tapis, teints de couleurs très voyantes et durables, à l'aide de produits d'origine végétale, sont célèbres dans toute l'étendue du Maroc. Mais il ne semble pas qu'ils puissent avoir un écoulement en Europe, où les tapis de Karamanie, de Smyrne et de Perse sont plus conformes à notre goût et plus appréciés. Les principales industries indigènes sont, après la fabrication des tapis, celle des cuirs pour les savates (*belr'as*) et la sellerie, puis la poterie, le travail du fer, la teinturerie, les nattes. Environ deux cents maisons, où travaillent surtout des femmes, s'occupent de la fabrication des tapis. La production annuelle dépasse 4 000; chaque jour, ils sont vendus aux enchères par les soins du mohtasseb (prévôt des marchands). Ces tapis se mesurent à la coudée; leur largeur, de quelques coudées, est toujours faible par rapport à la longueur; la trame est plus lâche que celle des tapis de Smyrne. Le dessin, composé d'arabesques, est chargé de couleurs éclatantes, où dominent le rouge et le vert. Tout tapis comportant des laines teintes avec des couleurs non végétales serait détruit par les soins du mohtasseb; la coloration semble donc offrir à l'acheteur toutes garanties. On fabrique aussi, à Rabat et à Salé, des tapis hanbel, en tissu serré de cordes et de laine, sans aucun moelleux, mais très utiles pour étendre sur le sol ou sur les nattes des tentes marocaines. En outre de l'industrie des tapis, Rabat est aussi renommée pour la production des poteries, des nattes d'alfa, des ouvrages de sparterie, des selleries et des babouches de cuir, des étoffes de laine, des djellabas et des burnous.

Il faut signaler aux environs de Rabat, comme futur élément de prospérité, la grande forêt de la Mamora, qui s'étend entre la côte, Meknès et la vallée du Sebou. Cette forêt, peuplée par les tribus insoumises des Zemmour, semble être la plus considérable de tout le Maroc. Les principales essences de cette forêt sont les chênes-liège, qu'on y rencontre en abondance, les chênes-verts, les thuyas, les cèdres. C'est la seule forêt, dans les provinces riveraines de l'Atlantique, qui n'ait pas été dévastée.

La ville de Rabat offre également un intérêt historique et artistique. A quelques centaines de mètres dans l'Est de l'enceinte extérieure, on rencontre les ruines de Chella, près d'une fontaine à l'eau très pure. Plusieurs auteurs voient dans Chella les vestiges de l'ancienne capitale des établissements carthaginois sur les rivages de l'océan Atlantique. Les fortifications de Rabat, composées de plusieurs enceintes successives, lui donnent un cachet très moyenâgeux; elles sont surtout remarquables du côté de la qasba des Oudaïa, haute citadelle bâtie sur la falaise qui, du large, masque la vue de la cité. La gigantesque tour Hassan domine la rive droite de l'oued Bou-Regreg, à peu de distance de la première enceinte fortifiée. C'est une haute tour carrée, qui semble le minaret inachevé d'une ancienne mosquée. Elle date de la même époque que la Koutoubia de Marrakech et que la Giralda de Séville; toutes trois sont, d'ailleurs, construites à peu près de façon identique.

Les deux grandes cités de Rabat et de Salé joueront longtemps encore un rôle important dans le commerce intérieur du Maroc, parce qu'elles établissent la communication entre le R'arb et le Houz, entre la région de Fez et celle de Marrakech, villes privées de toutes relations commerciales directes à travers les tribus berbères, les Zaïan, les Tadla, restées indépendantes sur les flancs des montagnes de l'Atlas. La seule route makhzen allant de Fez à Marrakech, jalonnée par les qasbas fortifiées, suivie sans cesse par de nombreuses caravanes de chameaux, est celle qui touche la mer à Rabat et à Salé. Dans l'intérieur, autour de ces deux villes, se trouvent les grandes confédérations des tribus Zaër et Zemmour, à peu près indépendantes des sultans à toute époque, gouvernées par des conseils de notables suivant les coutumes du bled-es-siba. Ces tribus ne paient l'impôt que lorsque le sultan vient le collecter par la force, à la tête d'une harka (armée), comme cela a lieu dans le Rif, chez les Zaïan, au Tadla, dans le Haut-Atlas, dans le Soûs. Nulle autre part, au bord de l'Océan, le pays makhzen n'est réduit à une bande aussi étroite qu'au Nord et au Sud des villes de Rabat et Salé. L'importance de ces villes est donc un résultat direct de l'état d'insoumission des tribus de l'intérieur, grâce auquel elles sont devenues le carrefour obligé de toutes les routes, entre les pays du Nord et ceux du Sud. Car, pour les relations avec l'extérieur, Rabat et Salé sont au dernier rang des ports marocains de l'Atlantique et rien, dans leur situation nautique, ne pouvait justifier la création d'un centre commercial et de cités populeuses. La barre redoutable à l'entrée du Bou-Regreg, le manque de profondeur de cet oued, à peine suffisant pour les caravelles et les bricks du moyen âge, tout concourt à rendre la situation maritime de ces villes aussi défavorable que possible. A mon sens, il n'est point douteux que si le besoin d'un port maritime, ou de plusieurs, se fait sentir entre Casablanca et Tanger, ce n'est pas à Rabat qu'il faut entreprendre des travaux coûteux et de quelque importance, mais bien en un ou deux autres points situés plus au Nord et qui présentent des conditions naturelles et nautiques infiniment supérieures.

Quoi qu'il en soit de leurs relations difficiles avec la mer, les agglomérations urbaines de Rabat et de Salé et les campagnes voisines, très bien arrosées, fertiles, riches en bétail, ont attiré, à juste titre, des colonies européennes plus réduites que dans les autres ports, mais qui tendent à s'accroître. Le corps consulaire comprend des consuls de carrière pour la France (M. Leriche) et l'Espagne; des agents consulaires pour l'Angleterre, l'Allemagne, le Portugal, la Belgique. Dans les dernières années, la colonie française s'est augmentée du médecin du dispensaire, du contrôleur des douanes, de l'instituteur de l'école franco-israélite; notre mission militaire auprès du sultan est toujours représentée à Rabat, même lorsque le Makhzen réside dans une autre capitale. Citons, parmi les principales maisons de commerce effectuant les opérations d'importation et d'exportation en tous genres : pour la France, l'agence de la Compagnie Paquet (M. Bigaré), l'agence de la Compagnie Marocaine (M. Bernaudat), la banque Coriat, l'hôtel Belaigue, etc.; pour l'Angleterre, MM. Broome et Cie, Néroutsos, Lee, Ben Saoud et Cie; pour l'Allemagne, MM. Neudorfer, Toenniès et Cie; pour l'Espagne, MM. Pla Hermanos, Toledano; enfin, pour le Portugal, un négociant israélite, M. Ben Attar, occupe sur la place une position considérable. Les maisons de commerce indigènes, dirigées par les vieilles familles marocaines des deux cités, tiennent sur le marché de Rabat une place importante; parmi ces négociants maures, Hadj Mohamed Raïs, protégé de la France, et associé de la maison Paquet, semble être un des plus notables.

Les denrées d'exportation à Rabat sont principalement les laines, les bœufs sur pied, les peaux, les œufs. Les sorties de laines seraient considérables si l'industrie des tapis n'existait pas; les toisons des brebis sont lavées presque sans frais par les femmes du pays, et ce commerce prendrait encore plus d'extension si la sécurité était rétablie dans cette région, où il y a d'excellents terrains pour l'élevage du mouton. Le chiffre très réduit des exportations ne comprend pas le prix d'expédition des bœufs, qui sont dirigés sur Tanger par cabotage. Le bétail des Zaer et des Zemmour serait une des meilleures races du Maroc; les envois de bœufs vers l'Algérie et vers Gibraltar auraient dépassé, certaines années, la valeur de quatre millions.

A l'importation les principaux articles sont : les tissus de cotons (2 à 3 millions), de provenance presque entièrement anglaise; les denrées alimentaires, le sucre (1 à 2 millions) venant de France, ainsi que les farines et semoules (1 million); le thé (un demi-million) expédié par l'Angleterre.

Les statistiques suivantes résument le mouvement du commerce maritime de Rabat pendant les six dernières années :

	1901	1902	1903
Exportation	434 000	245 000	480 000
Importation	3 341 000	4 784 000	5 116 000
Totaux	3 775 000	5 029 000	5 596 000

	1904	1905	1906
Exportation	392 000	981 000	1 564 000
Importation	4 948 000	4 291 000	5 152 000
Totaux	5 340 000	5 272 000	6 716 000

(Cabotage non compris.)

Comme pour les autres ports, ces chiffres, qui proviennent des statistiques françaises, sont certainement en dessous de la réalité, pour des causes identiques à celles qui ont déjà été exposées. C'est ainsi que les documents consulaires anglais estiment le commerce maritime de Rabat à :

1904	1905	1906
6 500 000	7 700 000	10 700 000

Dans le montant des transactions l'Angleterre continue à se maintenir au premier rang (4 millions 3). La France, qui progresse chaque année, arrive au second rang avec un total d'affaires à peu près équivalent (4 millions). L'Allemagne reste très loin en arrière, avec un chiffre d'affaires de 1 million 3.

Quant au mouvement des navires sur rade, il est résumé dans le tableau suivant :

	1904	1905	1906
	—	—	—
Navires	123	151	166
Tonnage.	70 000	93 000	91 000

Dans le mouvement de la navigation en 1906 le pavillon français tient de beaucoup le premier rang, avec 66 navires et 44 000 tonnes. Ensuite prennent place l'Angleterre (23 000 tx.), l'Allemagne (15 000 tx.), l'Espagne et l'Italie.

2° Larache. — La ville de Larache est bâtie sur la rive gauche de l'oued Loukkos, à moins de 80 kilomètres au Sud de Tanger. Sur les bords de l'oued se trouve, à moins d'une journée de marche, la ville d'El Qçar-el-Kebir. Le port de Larache est le débouché naturel de la vallée du Loukkos, d'une partie des Djebala, de la province du R'arb comprenant les terres fertiles de la rive droite du fleuve Sebou. De bonnes pistes relient ce port à Fez et à Meknès, qui n'ont pas de route plus directe vers Rabat. Aussi l'importance de Larache résulte pour la plus grande part du commerce de transit vers Fez, et sa prospérité exceptionnelle pendant les dernières années a été causée par la présence du Makhzen dans la capitale du Nord.

Le mouillage des grands navires de mer s'effectue au large sur la rade foraine qui ne présente pas plus d'abri que celle de Rabat. Une barre, qui dresse ses volutes à l'entrée de l'oued Loukkos, sépare également les grands navires de mer des petits quais où viennent décharger les barcasses. Cette barre, quoique moins redoutable que celle de Rabat, est souvent infranchissable pendant l'hivernage et une partie du printemps; les lourdes barcasses sont du même type, et armées par vingt rameurs. Cependant Larache présente au point de vue nautique cette particularité et cette supériorité sur tous les autres mouillages du Maroc, de posséder un véritable petit port intérieur, un bassin d'eau calme avec de grands fonds (7 mètres) séparé de l'Océan par la barre qui présente des fonds de 2 mètres à marée basse et de 5 mètres en moyenne à mer haute. Ce bassin intérieur offre un excellent mouillage aux petits vapeurs ayant un tirant d'eau de moins de 3 m. 50, c'est-à-dire pouvant franchir la barre au moment de la marée haute. Aussi Larache est-il un port très fréquenté par les minuscules vapeurs des compagnies de Gibraltar. Il offre des facilités précieuses pour le petit cabotage. Mais les travaux d'aménagement ne restent pas moins difficiles et coûteux si l'on voulait créer à Larache un véritable port, accessible aux vapeurs de fort tonnage; le creusement d'un chenal serait très aléatoire et douteux.

Pour le voyageur arrivant par mer, l'aspect de Larache est assez pittoresque. On aperçoit du large, couronnant les falaises grises au Sud de Loukkos, un amas de remparts, de batrons, de vieilles batteries, dominés par des koubbas blanches, et dans le fond, par les terrasses des maisons de la ville, parfois étincelantes de blancheur. Vers le Nord une longue bande de sable clair et de dunes jaunâtres fait face, sur l'autre rive du Loukkos, aux murailles grises de la cité. Mais une fois la barre franchie et le débarquement effectué sur le quai de la douane, dans le petit bassin formé par le Loukkos, l'œil et l'odorat du voyageur ne sont plus frappés que par la saleté repoussante des rues étroites, mal pavées, pleines de boue, de fumier et d'immondices. Un marché assez animé se tient dans le haut de la ville, non loin de la kasba du Makhzen.

La population de Larache est d'environ 10 000 habitants, dont plus de 2 000 juifs qui ont dispersé dans la ville leurs échoppes pour le commerce au détail. La population européenne, qui compte une majorité d'Espagnols, s'est notablement accrue ces dernières années à cause de la proximité de Tanger. Cet afflux d'Européens était entravé, jusqu'à présent, par l'interdiction de bâtir des maisons hors des remparts, interdiction décrétée par le pacha du Makhzen. Toute la place disponible à l'intérieur des murailles étant déjà occupée par les petites maisons des musulmans, la question du logement est à Larache assez difficile à résoudre. Lorsqu'une caravane importante se forme pour aller à Fez, par exemple, lors du passage des agents diplomatiques ou des négociants allant traiter avec le sultan, les Européens sont souvent obligés de vivre campés sous leur tente, sur le plateau au Sud des remparts. La construction des maisons subit donc ici une stagnation complète, tout à l'opposé de la fièvre de bâtir qui vient de doubler la superficie de Mazagan.

Des consuls de carrière ont été installés à Larache par la France (M. Marchand), l'Espagne et l'Angleterre; les autres nations ont accrédité des commerçants remplissant les fonctions d'agents consulaires. Parmi les notabilités de la colonie française, avec le contrôleur des douanes et le médecin du dispensaire, il faut citer M. de Laroche, négociant établi sur la place depuis de longues années, dirigeant l'agence de la Compagnie Paquet, et qui a rempli avec dévouement les fonctions d'agent consulaire; puis les agents de la Compagnie Marocaine, les maisons Jeanclair, Benané, etc. Les principaux négociants étrangers sont également les agents de la Compagnie de navigation; pour l'Angleterre, M. Forde (Compagnie Forwood et lignes de Gibraltar); pour l'Espagne, M. Cuerva (Compagnie Ruis y Torrès); pour l'Allemagne, les correspondants des Compagnies Borgeaud et Reutemann, Oldenbourg. La colonie espagnole, composée surtout de travailleurs, d'ouvriers, est la plus nombreuse. Comme dans presque tous les autres ports de la côte, les franciscains espagnols se sont installés à Larache, où ils desservent une petite église catholique; on sait que les ordres religieux espagnols jouissent du privilège de représenter seuls, dans tout le Maroc, la religion catholique.

Pendant les deux dernières années une société allemande de Tanger a fait exécuter à Larache des études et des avant-projets pour l'amélioration du port. Certains travaux auraient été concédés par le Makhzen à cette société, à l'époque de la Conférence d'Algésiras, antérieurement à l'arrangement international qui a fait admettre pour tous les travaux publics le principe de l'adjudication, sans privilège pour aucune nation.

Notre monographie commerciale de Larache, résumée dans les statistiques qui suivent, sera abrégée pour les deux raisons suivantes : 1° parce que le lecteur peut se rapporter aux excellents rapports déjà publiés sur ce sujet par M. de Laroche, ancien agent consulaire, et par M. R. Leclerc; 2° parce que Larache se trouve, comme Tétouan, plus spécialement dévolue à l'action de l'Espagne, dont les droits particuliers semblent avoir été reconnus aussi bien par l'Acte d'Algésiras que par les accords avec la France.

Mais il n'était pas inutile de dégager les traits essentiels de la physionomie commerciale de Larache, qui est avant tout un port de transit vers Fez. Pendant les dernières années, ce rôle s'est encore développé en raison du séjour prolongé du sultan et de son Makhzen à Fez, et des commandes importantes qui ont été faites. En outre, la grande cité de Fez s'est trouvée coupée des communications directes avec Tanger, par suite des brigandages de Raïssouli chez les Jebâla, et du transit par terre vers l'Algérie par suite de la révolte du prétendant Bou Hammara, qui a fermé la route de Taza à Oujda. Le port de Larache vient donc de traverser des années de prospérité exceptionnelle, rendues visibles par l'encombrement pittoresque des magasins de la douane et par le mouvement remarquable des nombreuses caravanes de chameaux venant prendre charge pour les villes de Fez et Meknès.

Si Larache n'était à si courte distance de Tanger, sa proximité de la grande capitale du Nord, des gras pâturages de la vallée du Sebou, des bourgades d'El-Qçar et d'Ouezzan, le petit bassin intérieur d'eau calme où s'épanche le Loukkos, toutes ces conditions pourraient assurer à la ville un développement et une prospérité qui semblent à peine se dessiner.

Le mouvement de la navigation pendant les dernières années est résumé dans le tableau suivant, qui donne le nombre des navires mouillant sur la rade :

1901	158	1904	174
1902	173	1905	249
1903	168	1906	239

Le jaugeage des navires entrés et sortis s'élève, pour les deux dernières années, à 95 000 tx. et 111 000 tx. (dont 34 000 tx. sous pavillon anglais, 29 000 tx. sous pavillon français, 24 000 tx. pour le pavillon allemand ; le reste, aux navires italiens, espagnols, etc.). Les statistiques anglaises accusent pour 1904 un mouvement de la navigation beaucoup plus considérable.

Le chiffre des exportations, quoique légèrement en progrès, est toujours extrêmement inférieur à celui des importations.

Les denrées d'exportation sont principalement : les cuirs et les peaux de mouton et de chèvre (1 million) ; les babouches fabriquées à Fez (0,7 million) ; la laine (1/2 million) ; les œufs et les alpistes allant vers Gibraltar et l'Espagne.

A l'importation, les principaux articles sont identiques à ceux des autres ports marocains. Citons en première ligne les cotonnades venant d'Angleterre, à destination de Fez et des Jebâla, pour une valeur de 2 à 3 millions en moyenne. Ensuite viennent : le sucre, pour 1 million et demi à 2 millions, près des trois quarts étant fournis par la France, le reste par l'Autriche, la Belgique et l'Allemagne ; les farines et semoules, pour 1,2 million provenant de Marseille ; les thés expédiés par l'Angleterre (0,7 million) ; les bougies venant surtout d'Angleterre (0,4 million) ; les soieries de France ; la quincaillerie fabriquée en Angleterre et en Allemagne.

Ce mouvement commercial, pour les six dernières années, est résumé par les statistiques suivantes :

	1901	1902	1903
Exportation	1 230 000	1 280 000	1 376 000
Importation	5 043 000	8 478 000	17 000 000
Totaux	6 274 000	9 758 000	18 376 000

	1904	1905	1906
Exportation	1 417 000	1 690 000	2 661 000
Importation	13 100 000	7 469 000	7 153 000
Totaux	14 517 000	9 159 000	9 814 000

(Sans le cabotage marocain.)

Les chiffres des années 1905 et 1906 sont ceux fournis par le service français du contrôle des douanes. Comme pour les ports précédents, ils ne comprennent ni le cabotage entre les ports marocains (portant surtout sur les céréales), ni les mouvements de numéraires, ni les marchandises dégrevées par faveur des oumana. Les documents consulaires anglais accusent, pour 1906, le même chiffre d'exportations (2,6 millions) et un chiffre d'importations un peu supérieur à celui des statistiques françaises (8,2 millions), ce qui porterait le commerce total de Larache à 10,8 millions.

Dans le mouvement commercial de Larache, l'Angleterre et Gibraltar occupent le premier rang, avec 4,0 millions environ. La France arrive aussitôt après avec un chiffre d'affaires de 3,8 millions. Viennent ensuite l'Allemagne (avec 0,7 million), la Belgique, l'Italie, l'Espagne. La prépondérance du commerce anglais à Larache paraît résulter des facilités de transport offertes par les petits vapeurs des compagnies de Gibraltar. Il est à espérer que les lignes de cabotage analogues puissent être établies d'une façon permanente entre Oran et Larache.

3° TANGER. — Notre étude sur la ville de Tanger et sur son mouvement commercial sera très courte. C'est en effet la plus connue et la plus fréquentée des cités marocaines, la mieux desservie par les lignes de navigation grâce à sa situation magnifique à l'entrée du détroit de Gibraltar. Nous renvoyons pour sa description à presque tous les auteurs et voyageurs qui ont écrit sur le Maroc et en particulier à la plaquette si vivante de M. Albert Cousin (*Tanger, le Maroc*), publiée en 1903, ou à l'*Annuaire du Maroc*, rédigé chaque année par Daniel Saurin et A. Cousin.

La physionomie actuelle de Tanger est pleine de saveur et d'originalité. A chaque pas dans les rues ce sont les contrastes les plus violents entre la barbarie et la civilisation. Il y a quelques mois à peine Raïssouli et les hordes sauvages des Djebala, de l'Anjera, régnaient en maîtres dans les faubourgs de la ville, et jusque sur le grand socco (marché) au milieu des légations européennes, s'entretuant à coups de fusils, s'égorgeant à coups de poignard, bâtonnant les indigènes jusqu'à ce que mort s'ensuive, tirant à balle sur les Européens qui s'éloignaient à quelques kilomètres vers l'est de la ville. Et toute cette barbarie, tous ces meurtres sauvages, presque sous les fenêtres des grands hôtels et des villas, où les diplomates offraient à leurs invités les réceptions les plus délicates et les plus raffinées. Tanger n'est plus une véritable ville mauresque, et ce n'est pas encore une ville européenne. La partie entourée de murailles présente un singulier mélange de bâtisses de tous les styles : habitations arabes blanchies à la chaux, maisons juives peintes en bleu, grandes constructions européennes percées de fenêtres, minarets des mosquées, synagogues, une église catholique, le tout dominé par la kasba du Makhzen. Les faubourgs sont entièrement bâtis à l'européenne, et la Commission d'hygiène, qui constitue l'embryon d'une municipalité internationale, a réussi à y créer une voierie quelque peu large et bien empierrée. Dans la vieille cité, la ruelle unique qui grimpe du port présente chaque jour une animation extraordinaire, et une circulation des plus aléatoires, sans cesse entravée par le flot des borricos, mulets, ânes, mules, chevaux, chargés des fardeaux les plus encombrants et les plus disparates.

Tanger est pour les Marocains une ville impure et perdue,

livrée aux chrétiens. Sa fonction essentielle est d'être la capitale diplomatique du Maroc. C'est par cette fissure que s'est infiltré dans l'empire des Chérifs le poison de la civilisation occidentale; après les représentants accrédités par l'Europe, les commerçants, les industriels, les banquiers sont venus là prendre pied sur le sol du Maghreb. Et depuis la Conférence d'Algésiras nombre d'institutions d'État ont été mises sous la tutelle du corps diplomatique européen résidant à Tanger. Pour recevoir les communications des *bachadours* de l'Europe (ministres plénipotentiaires, diplomates envoyés par les puissances), les sultans du Maroc ont installé dans la ville un représentant spécial, qui était depuis de longues années Si Mohamed Torrès, chargé d'éluder les réponses difficiles, d'entraver les réformes proposées, de barrer la route à toutes les innovations et à tous les progrès des nations chrétiennes. Mais le flot de la civilisation a brisé toutes ces barrières, et, malgré ses divisions, l'Europe de jour en jour parle en maître à Tanger comme dans mainte région du « pays des Chérifs ».

Pendant ces dernières années il était agréable de constater combien Tanger prenait davantage l'aspect d'une véritable cité franco-espagnole. Toutes les banques, les grands magasins, les cafés, les boutiques des détaillants, les principales sociétés de commerce et d'industrie, ont arboré des enseignes bien françaises, tandis que l'émigration des prolétaires espagnols fournit toujours le contingent des journaliers, des ouvriers, des jardiniers, des travailleurs à la tâche.

Tanger est desservie par les nombreuses lignes de navigation que nous avons déjà énumérées, et elle est très bien reliée à Gibraltar, à Marseille, à Oran, aux ports d'Espagne et d'Angleterre. Sa situation maritime exceptionnelle, sur une baie superbe, à l'entrée de toutes les routes maritimes menant dans la Méditerranée et à Suez, lui assure un grand avenir comme port de relâche. Le jour où des travaux maritimes importants auront été réalisés, assurant le repos et le charbonnage aux grands navires, Tanger remplacera complètement Gibraltar comme port de ravitaillement sur la plus grande route commerciale du monde. Un embryon de port, destiné simplement à faciliter l'accostage des chalands et des remorqueurs, a été concédé, il y a deux ans, à une compagnie allemande; il est à espérer que désormais tous les travaux d'intérêt public seront soumis au principe de l'adjudication sans distinction de nationalité, et sous le contrôle du corps diplomatique de Tanger, qui a désigné des ingénieurs français et espagnols comme délégués techniques.

Le climat excellent et l'aspect pittoresque des environs de Tanger lui vaudront un avenir certain comme ville d'élection des hiverneurs et des touristes.

Au point de vue du commerce avec l'intérieur du Maroc sa prospérité est plus douteuse, parce que la région montagneuse des Djebala, qui constitue son hinterland immédiat, n'est pas très riche, et parce que les ports de transit que nous avons déjà rencontrés sur l'Atlantique sont destinés à drainer le commerce vers les vallées fertiles et les grandes cités du Maroc septentrional. Son rôle économique sera cependant considérable, pendant bien des années encore, comme foyer d'expansion et comme centre directeur de la plupart des entreprises commerciales, financières, agricoles et industrielles qui peu à peu se disséminеront sur toute la surface du « pays des Chérifs ».

Le commerce maritime de Tanger est résumé, pour les six dernières années, par les statistiques suivantes :

	1901	1902	1903
Exportation	6 947 000	8 215 000	6 424 000
Importation	8 175 000	9 273 000	9 175 000
Totaux	15 122 000	17 488 000	16 599 000

	1904	1905	1906
Exportation	6 432 000	3 723 000	6 717 000
Importation	8 003 000	6 394 000	7 294 000
Totaux	14 435 000	10 117 000	14 011 000

(Cabotage et numéraire non compris.)

Mouvements de la navigation :

En 1905.	1 719	navires	jaugeant	814 000 tonneaux.
En 1906.	1 646	—	—	866 000 —

Comme dans les autres ports du Maroc les exportations sont notablement inférieures aux importations; celles-ci sont en partie destinées à la consommation de la population urbaine.

Les sorties de bétail à destination de Gibraltar, de Mélilla et de l'Espagne constituent la majeure partie des exportations.

Les chiffres des deux dernières années sont ceux fournis par les contrôleurs français des douanes, et comme il a déjà été expliqué ils sont certainement très au-dessous de la réalité, parce qu'ils ne comprennent pas : 1° le cabotage entre les ports marocains; 2° les sous-estimations des oumana; 3° la contrebande; 4° les mouvements de numéraire.

Les documents consulaires anglais, publiés par le Foreign Office, donnent des chiffres notablement supérieurs à ceux des estimations françaises, fixant le commerce total du port de Tanger comme il suit :

1903	1904	1905	1906
Francs.	Francs.	Francs.	Francs.
22 500 000	18 500 000	21 600 000	22 400 000

A noter que l'écart entre les diverses statistiques est encore augmenté, pour le port de Tanger, par les commandes du gouvernement chérifien, qui viennent grossir les chiffres de l'importation dans les documents anglais (tels les achats d'armes, de munitions, de chaloupes à vapeur, etc.).

Les principaux produits exportés par le port de Tanger sont : en première ligne les bœufs sur pied, de 20 000 à 30 000 têtes par an, d'une valeur de 2 à 3 millions (environ 120 à 150 pesetas par tête, à destination de Gibraltar, de Mélilla et de l'Espagne). Ensuite les œufs, pour une valeur de 1 à 2 millions, les peaux de chèvres pour moins d'un demi-million. En dernier lieu signalons la cire, les dattes, les babouches, haïks et tapis.

A l'importation nous trouvons les denrées et les marchandises identiques à celles des autres ports, avec l'adjonction des quelques articles nécessaires à la colonie européenne de la ville. En premier lieu prennent rang les tissus de coton, importés chaque année pour une valeur de 4 à 5 millions, dont les neuf dixièmes proviennent d'Angleterre. Puis les sucres, pour un million par an, la moitié venant de France, le reste d'Autriche et d'Allemagne; les soieries, pour près d'un million par an, fournies par la France; le thé, de provenance anglaise (0,5 à 1 million); les draps, fournis par l'Allemagne et par la France (0,5 à 1 million); les vins, provenant presque exclusivement

TANGER. — LE GRAND SOCCO ET LA LÉGATION DE FRANCE.

Phototypes A.-H. Dyé.

LARACHE. — BARCASSE ENTRANT DANS L'OUED LOUKKOS.

d'Algérie (0,5 million), et les farines expédiées par Marseille 0,5 million) ; enfin les bougies et le tabac. Il faut noter le progrès de l'importation des matériaux de construction : fers de Belgique et de France, ciments, plâtres et tuiles provenant de France (pour plus d'un million).

D'après les statistiques consulaires anglaises le premier rang, dans le total des transactions en 1906, est tenu par l'Angleterre (soit 7,2 millions), ce qui s'explique par le voisinage de Gibraltar et par la demande importante des cotonnades. La France occupe le second rang avec un chiffre d'affaires qui atteindrait 4,7 millions contre 5,5 millions l'année précédente. L'Espagne se maintient au troisième rang avec 4,2 millions au total. Ensuite viennent le commerce allemand (2,3 millions), qui a presque doublé en 1906 sur la moyenne des années précédentes, à cause des commandes faites par le gouvernement chérifien ; le commerce avec l'Égypte et la Tripolitaine (1,7 million), alimenté par l'exportation des babouches.

4° *Les ports fermés* : ARZILA, MÉHÉDIYA, etc. — Sur la partie de la côte Atlantique située au débouché de Fez, et qui s'étend presque en ligne droite du cap Spartel jusqu'au Sud de Rabat, plusieurs bourgades constituent des ports non ouverts par le Makhzen aux transactions commerciales avec l'étranger.

En allant du Nord au Sud nous rencontrons d'abord Arzila, puis l'entrée de la lagune Ez Zerga, et enfin Méhédiya à l'embouchure du fleuve Sebou.

Arzila est une bourgade d'environ un millier d'habitants, où jadis débarqua l'armée portugaise pour aller livrer la grande bataille d'El Qçar-el-Kebir (Alcazar), qui marqua le déclin de l'action du Portugal sur toute la côte. Les produits de la région voisine vont à Larache et à Tanger, et les travaux d'aménagement entrepris dans ces deux ports ne pourront que confirmer cette situation dans l'avenir. Il n'est pas douteux que la proximité du port de Tanger enlève à Arzila toute raison d'un développement important.

De même la proximité de Larache semble rendre complètement superflue toute tentative de créer un port à l'entrée de la lagune Ez Zerga, petit lac d'eau saumâtre, sans profondeur sérieuse (sauf un trou insignifiant), et qui est séparé de la mer par un cordon de sable. Les conditions nautiques de Larache, avec les profondeurs d'eau constatées sur la barre et dans le bassin intérieur, sont incontestablement très supérieures à celles de cette lagune.

Tout autre est la situation de Méhédiya, misérable bourgade en ruines, qui dresse ses murailles croulantes sur les collines dominant au Sud l'embouchure du fleuve Sebou. A première vue la position géographique de Méhédiya semble privilégiée et des plus intéressantes, tout à fait identique à celle des plus grands ports maritimes de France, tous situés à l'embouchure d'un fleuve ou à proximité de plaines fertiles. Ainsi Méhédiya semble pouvoir être appelé à un avenir considérable si les produits agricole de la riche vallée du Sebou, si le transit vers Fez et Meknès viennent converger dans l'estuaire de son fleuve. Après avoir connu des jours de prospérité sous l'émir Yacoub-el-Mansour, puis au temps des Portugais au XVe siècle, Méhédiya est aujourd'hui une simple qasba en ruines, renfermant à peine 300 habitants logés surtout dans des huttes de chaume, une ville abandonnée depuis l'interdiction du trafic avec la mer.

Dans quelle mesure la situation nautique de Méhédiya, — c'est-à-dire les conditions de sa barre de sable, les profondeurs d'eau de l'estuaire maritime, les fonds et les hauteurs de crue du fleuve Sebou, les possibilités d'établissement d'un port de mer, — viendra-t-elle modifier les qualités naturelles de sa position géographique? C'est un problème dont nous nous garderons bien de donner aujourd'hui la solution, étant données les compétitions internationales qui s'exercent encore à l'heure actuelle sur les côtes du Maroc. Qu'il nous suffise de dire que ces questions relatives à Méhédiya, et aussi celle de la navigabilité du fleuve Sebou jusqu'à mi-route de Fez, ont été longuement étudiées et complètement élucidées par ma mission maritime au cours des voyages périlleux et des levés aventureux accomplis de 1905 à 1907, parfois sous le feu des indigènes et malgré leur hostilité, dans un canot en toile qui a servi à dresser la première carte des fonds du grand fleuve marocain.

H. Les ports marocains sur la Méditerranée. — Deux régions de l'empire chérifien déversent une partie de leurs eaux dans la Méditerranée ; ce sont les provinces du Rif et des Djebala. Cette petite portion du Maroc, couverte de montagnes qui atteignent 1 400 et même 2 500 mètres à quelque distance de la côte, est peuplée par des Berbères, primitifs et sauvages, tout à fait réfractaires et rebelles à la pénétration de la civilisation européenne. Cette région est encore aujourd'hui aussi peu connue que les massifs du Haut-Atlas, au Sud de Fez, quelques rares Européens ayant pu à peine y relever deux ou trois itinéraires, sous des déguisements indigènes.

Ces provinces marocaines, très montagneuses, au relief tourmenté, aux vallées torrentueuses et encaissées, sont d'ailleurs de valeur agricole médiocre, et le Makhzen chérifien n'a ouvert qu'un seul port, Tétouan, sur cette côte inhospitalière. D'autres points : Melilla, Ceuta, et les présides constituent depuis deux à trois siècles des possessions espagnoles.

Le littoral en bordure de la mer n'étant pas soumis à l'autorité du Makhzen, en dehors des environs de Tétouan et du bordj Saïdia (à la frontière algérienne), la contrebande des armes et des munitions de guerre s'opère presque ouvertement tout le long de cette côte méditerranéenne. Ces provinces au sol tourmenté, aux populations pillardes et guerrières, semblent réservées dans l'avenir à l'action prédominante de l'Espagne, qui a tenu maintes fois à y affirmer ses droits historiques, notamment par la guerre pénible de 1859-1860. Ces territoires constituent pour l'Algérie un précieux réservoir de main-d'œuvre indigène, près de 30 000 Riffains venant chaque année en Oranie (et jusqu'en Tunisie), à l'époque des moissons.

1° Tétouan. — La ville de Tétouan, entourée de superbes vergers, de bois d'orangers, de champs et de jardins, est construite sur les flancs d'une colline, au bord du rio Martil, à 5 ou 6 kilomètres en amont de son embouchure (30 000 habitants, dont 8 500 israélites). Le mouillage des vaisseaux, à l'embouchure du rio Martil (oued Tittaoun), est complètement exposé au vent d'Est, qui entrave les opérations d'embarquement effectuées par les barcasses du port. Par contre, le mouillage est abrité contre les vents d'Ouest.

Pour le mouvement commercial Tétouan se classe au dernier rang des ports ouverts du Maroc, ce qui s'explique par la médiocrité relative de son hinterland montagneux et par le caractère arriéré des populations du Rif et des Djebala. Les diverses puissances : France, Angleterre, ne sont représentées à Tétouan que par des agents consulaires, sauf l'Espagne qui y possède un consul de carrière et plusieurs religieux de l'Ordre des Franciscains. Il n'existe qu'un embryon de colonie européenne. Mais les Israélites, qui forment près du tiers de la population, sont très espagnolisés, et une école française de l'Alliance israélite est assidûment fréquentée.

Pendant les six dernières années, l'activité des transactions maritimes est résumée par les statistiques suivantes :

	1901	1902	1903
Exportations	146 000	209 000	107 000
Importations	1 266 000	1 178 000	914 000
Totaux	1 412 000	1 387 000	1 021 000

	1904	1905	1906
Exportations	134 000	214 000	202 000
Importations	1 023 000	1 239 000	1 505 000
Totaux	1 157 000	1 453 000	1 707 000

Le mouvement de la navigation se chiffre, en 1905, par 228 navires (soit 43 000 tx.) et en 1906 par 166 navires (soit 34 000 tx.), le pavillon français tenant le premier rang au point de vue du tonnage.

Les principaux articles d'exportation sont les œufs, les babouches, les haïks, les lièges, les amandes.

A l'importation, on rencontre, comme dans les autres ports marocains : d'abord les cotonnades anglaises, puis les sucres et, certaines années, les farines provenant de France.

Les statistiques consulaires anglaises fournissent des chiffres légèrement supérieurs aux précédents :

	1905	1906
Exportations	0,3 million	0,3 million
Importations	1,4 —	1,6 —
Totaux	1,7 million.	1,9 million.

2° Melilla, Ceuta, les présides espagnols. — Port-Say. — Ceuta fut occupée par les Espagnols en 1415. Peu de temps après l'expulsion des Maures de l'Andalousie, l'Espagne débarquait en 1496 une armée à Melilla pour réprimer les pirateries et les pillages des Riffains. Quelques années après fut occupé le préside de Velez de la Gomera, constitué par l'îlot de Balech. En 1673, les Espagnols s'établirent dans l'îlot d'Alhucemas, puis dans le groupe des îles Zaffarines en 1847. Ceuta et les présides sont des places militaires, servant de lieux de déportation. Leur commerce avec les tribus avoisinantes du Rif et de l'Anjera est insignifiant.

Melilla, au contraire, a bénéficié pendant ces dernières années d'un essor remarquable, l'ensemble du commerce maritime s'étant élevé à 12 millions de francs pendant les années 1905 et 1906. Mais, comme l'explique très clairement M. Déchaud, cette prospérité est quelque peu artificielle et passagère, étant causée par les troubles de la frontière orano-marocaine, par la lutte du rogui contre les troupes chérifiennes, par l'insécurité des confins orientaux du Maroc, qui ont reporté momentanément sur Melilla la plus grande partie du trafic algérien entravé et arrêté dans la région d'Oujda à la vallée de la Moulouya.

D'ailleurs, pour tout ce qui a trait au commerce de Melilla et des présides espagnols, nous prions le lecteur de se reporter à l'excellente étude publiée dans ce Bulletin par M. Déchaud, secrétaire à la Chambre de commerce d'Oran, mieux placé que personne pour traiter ce sujet avec une compétence éprouvée et des renseignements de premier ordre [1].

Mentionnons, pour être complet, l'initiative heureuse prise hardiment par un bon Français, M. Louis Say, ancien officier de marine, qui a réussi à créer à l'embouchure de l'oued Kiss, la ville de Port-Say, destinée à drainer la plus grande partie du commerce d'Oujda et de la basse vallée de la Moulouya. Quoique Port-Say relève plutôt de l'Algérie, sa zone d'attraction est essentiellement marocaine, et nous ne pouvions résister au plaisir de clore cette étude sans un hommage bien mérité à l'homme d'initiative et d'énergie qui a su créer, à l'embouchure de l'oued Kiss, un centre de commerce et de civilisation.

En terminant nous ne saurions trop répéter que c'est à l'Ouest

1. DÉCHAUD. Melilla et les Présides. *Bulletin de la Société de Géographie commerciale de Paris*, 1907, p. 729 et 1908, p. 1.

du Maroc, dans tous ces ports de l'Atlantique environnés des meilleures régions agricoles, qu'il importe de faire sentir notre activité commerciale. C'est là que doivent se concentrer tous nos efforts de pénétration économique, pour faire surgir les richesses latentes de ce sol souvent fertile, et apporter enfin au paysan marocain ce qui lui manque depuis tant d'années : la paix et la prospérité!

⁂

Note additionnelle. — Le service des douanes au Maroc, venant de publier, au cours de l'impression de cette étude, la statistique du commerce des trois ports de Casablanca, Mazagan et Rabat pour l'année 1908 et le chiffre total du commerce dans les huit ports ouverts du Maroc pour la même année, nous les donnons ici avec ceux de 1907, simplement à titre d'indication et comme terme de comparaison avec les chiffres donnés plus haut pour les années précédentes.

	CASABLANCA		MAZAGAN		RABAT	
	1907	1908	1907	1908	1907	1908
France . . .	3,9	8	2,3	3,1	3,17	2,97
Angleterre .	2,5	7,1	3,6	7,8	2,1	3,99
Allemagne .	1,9	1,9	1,5	2	0,454	0,427
Autres pays.	0,7	2	0,9	1,2	»	»
	9 millions.	19 millions.	7,4 millions.	14,1 millions.	6,1 millions.	8 millions.

Commerce total dans les huits ports ouverts.

	1907	1908
France	22 820 135	31 760 000
Angleterre	25 428 561	41 480 000
Allemagne	9 983 318	10 800 000
Espagne	3 116 145	4 700 000
Autres pays	3 517 183	6 160 000
	64 865 342	94 900 000

Pour la France, il faut, pour avoir le chiffre total réel, ajouter au chiffre donné celui du commerce que nous faisons par la frontière d'Algérie, soit environ une quinzaine de millions par an, ce qui nous place en tête des nations commerçant au Maroc.

BIBLIOTHÈQUE NATIONALE IMPRIMÉS

CARTE DU MAROC

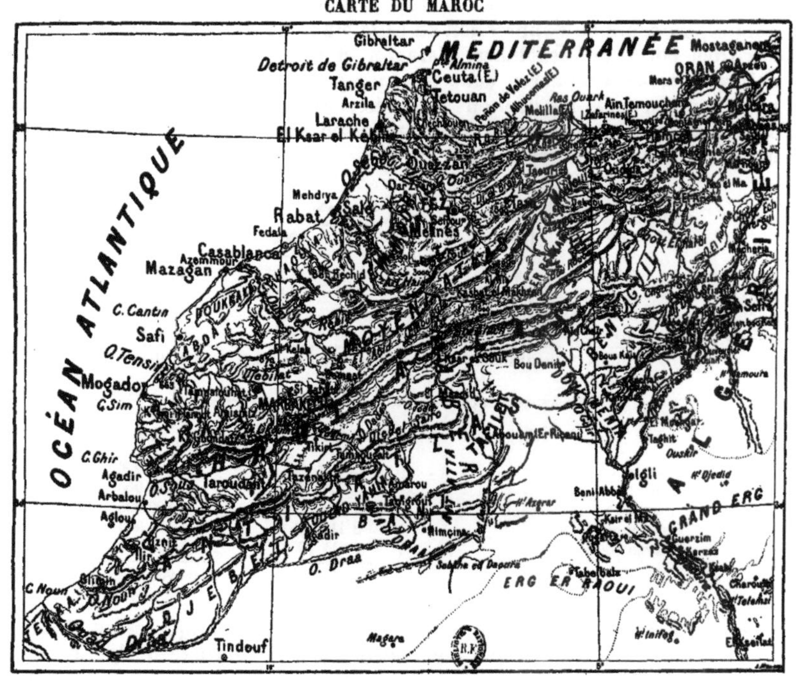

www.ingramcontent.com/pod-product-compliance
Ingram Content Group UK Ltd.
Pitfield, Milton Keynes, MK11 3LW, UK
UKHW020409230726
13925UKWH00003B/1326

9 782013 668361